JN174038

1歳からの

今治明徳短期大学教授
松田ちから【著】

子どもの発達を促すタッチングケア

CD付

脳の発達と運動機能を高める
25のプログラム

合同出版

　私たちの子育て環境は虐待やいじめがはびこり、親も子どもも、とても息苦しい社会で生きることを強いられています。

　一言で言えば、「泣くことは許されない」ということが暗黙の了解事項、社会通念になっていると言い換えてよいかもしれません。わが子を泣かせてしまった母親は周囲から「虐待をしているのではないか」と疑いの目を向けられることを恐れ、子育てに不安に感じてしまいます。子育てにプレッシャーを感じ、わが子への対応にも自信を失ってしまう若い親御さんが少なくありません。

　この本の第1章では、乳児期の心身（「おさなごの情緒」）についての発達を理解するための必要な知識・考え方を解説しています。子育て真っ最中の方が乳児期の子どもの心身の発達を理解し、子育てを実践されることで親と子どもの心の交流、つまり愛着形成が育まれることを肌で感じ取っていただけるのではないかと思います。また、子育てに関わる方をはじめ、子どもの泣き声を聞いただけで「虐待ではないか？」と疑う人にもぜひ、「おさなごの情緒」を知っていただきたいと願っています。多くの方が「おさなごの情緒」を理解することによって、虐待やいじめで苦しむ子どもが減り、笑顔いっぱいの自尊感情の豊かな子どもが増えることを心から祈っています。

　この本は、子育てを応援する実践書です。

　第2章では、親子の愛着形成プログラムであるタッチングケア（1歳半から3歳頃までの乳幼児対象）、第3章では、親子で取り組むゆらゆら・ぎゅっぎゅっ体操（4歳から10歳頃まで）、第4章では、親や保育者の子育てのストレスを解消するためのS-ACT（感情表現法）のワークを紹介しています。これらのプログラムは、家庭や園な

どの施設で実践することで、親と子、子どもたちと保育者との心の交流、愛着形成がより一層育まれることを目的としています。付録のＣＤには歌と音楽が収録されています。ＣＤを聞きながら、楽しく取り組める内容になっています。

　また、第5章では、これらのプログラムをおこなう際の保育者の役割、第6章では、親・子・保育教諭（ケアワーカー）のそれぞれの関係を評価する方法を紹介しています。

　親と子どもがタッチングケアをおこなうことによって、オキシトシンと言われるホルモンが脳の視床下部に分泌され、脳内で神経伝達物質の役割を担っていることが最新の科学的データとして実証されています。このオキシトシンは、親子の信頼関係を築き、幸せな愛着を育むホルモンでもあります。

　幼い命は「自分は愛される存在でありたい」と心から願っています。このような子どもの切なる思いを親（養育者）として、保育者として実現するためには、子どもとの愛着形成が不可欠です。愛着形成を育むワークとしてこの本がお役に立てれば私にとって大きな喜びです。

松田ちから

もくじ

第3章　親子で　ゆらゆら・ぎゅっぎゅっ体操

第4章　親子でストレスを軽減する S-ACT（感情表現法）

第5章　保育者は子育て支援の扇子の要………122

第6章　親・子・保育教諭のための Sense 評価表………125

第1章 おさなごの発達には どんなケアが必要か

1 おさなごのイメージ

　若い頃、自分の生き方に迷い悩んでいる時に、ふと、近くに眠っているわが子の寝顔を見て、ほっとしたことを覚えています。純粋無垢で何も悩みを持たずに、本能的に自分が心身ともに守られている存在であることを、赤ちゃんはすでに、すべて熟知しているかのように委ねて生きているように思えたからです。いつまでも「おさなご」のような心を持ち続けることができたらいいなと何気ない思いを長年持ち続けてきました。それは、聖書の「心を入れかえて、おさなご（幼子）のようにならなければ、天国に入ることはできないであろう」（新約聖書マタイ福音書18章3節）という一節に「おさなご」のイメージがあったからです。

　人間社会においてはさまざまなしがらみがあります。人間関係が複雑でコミュニケーションがうまく取れずに悩みを深く抱えている時には逃避的になりがちです。私も大学時代に人間関係に悩み、「放浪」（CD32に収

◆心安らかに眠るおさなご

録）と題した詩を作っています。ヤマハのポピュラー・ソングコンテストにエントリーしたものですが、この詩のように私の「おさなご」のイメージは純粋で無垢で悩みもなく、心身ともにすべてを養育者に委ねて生きているかわいい姿です。

　とてもむずかしいことではありますが、とくに新生児期である０〜４カ月頃までの赤ちゃんのように純粋で無垢な心を持ち続けたいと思うのです。

2　乳児期の生理的な発達と情緒

　一般的に赤ちゃんのイメージは「純粋で無垢なかわいい」というものです。出産は大変でも、わが子と初めて対面するとお母さんは、「なんてかわいい赤ちゃん！」と笑顔で言葉をかけます。

　心理学者のマーガレット・Ｓ・マーラーによりますと、新生児の０〜１カ月はほとんど１日中睡眠状態にあって、外界の刺激に無関心で、乳児の発達段階において「生理的で正常な自閉期」であるといいます。

　続いて２〜３カ月前後を「正常な共生期」と命名していますが、乳児は身近な養育者である母親の存在を何気なく感じ取り、「天使の微笑み」が出現する「微笑期」が始まります。母親は、わが子を一層かわいく愛おしく感じ、生理的な本能である母性本能によって愛情を注ぐことができます。母子関係が最も良好で幸せ気分を味わえる時期で、まさにおさなごは「純粋で無垢である」というイメージがぴったり当てはまります。

　しかし、マーラーの言う「正常な共生期」は母子関係のみで実現するのではなく、父親（夫）から母親（妻）への、あるいはその代替からのサポート、バックアップ（精神的にも、社会的にも、経済的にも）があってこそ、母子間で成立するのではないかと思います。

「微笑期」を経過した生後３カ月過ぎ頃から「純粋で無垢なかわいいおさなご」のイメージが徐々に崩れていき、生後４〜５カ月頃になりますと喜怒の感情が芽生えてきます。情緒面の発達が顕著になり、自分の気持ちを笑ったり怒ったりなどのしぐさで少しずつ表現するようになってきます。

3　人間の赤ちゃんは生理的早産

　生物学者のポルトマンは人間の赤ちゃんは生理的早産であると言っています。また、同様に精神科医の北山修氏は人間の新生児は他の動物と比較して心身がとても未熟であると指摘しています。

　四足歩行の馬などは生まれてすぐに立ち上がり歩き出しますが、人間は身体が成長しない状態で生まれてくるのです。これは、胎児の脳の前頭葉の発達が身体の発達より早いため、９カ月間前後になると母胎にいることが耐えられなくなり、身体が環境に適する能力を備えないまま生理的早産をすることになるわけです。

　近年では、母親の産道をくぐり抜けるのが困難になってきて、帝王切開でお産する赤ちゃんも増えていると報告されています。

　ＮＨＫ・ＦＭの「レクチャー＆ミュージック」という番組で、前述の北山修氏が１歳半前後までの乳児の発達と養育について話されたことがありました。そのお話のポイントは次の５つでした。

　❶１歳前後まで独歩が不可能──新生児は首がすわらず、立位と直立歩行ができないので、自分で移動できない。

　❷人としての言語獲得不充分──大人と同じ言葉がしゃべれない。親しい人が乳児の気持ちになって翻訳し、解釈してもらう必要がある。

　❸摂食機能の発達が不充分──消化能力がとても低いため、咀嚼、嚥下が充分でない。噛み砕いて食事を与える。離乳まで親と同じ物が

食べられない。

❹新生児には生存本能がある──身近な大人に助けを求める依存心がある。低出生体重児や身体に障がいのある子どもには、微かかもしれないが、すべての子どもに必ず、生存本能がある。自分で自分を助けられないために、周りの大人はタイミングよく赤ちゃんの依存心を受け止めて、24時間休みのない新生児の生の営みに育児を通して関わらなければならないので、子育てには大変なエネルギーが必要である。

❺赤ちゃんの発達には人見知りがある──子育てはできる限り、血縁関係のある親族が関わることが、子どもの心身の発達には望ましい。核家族の子育ては困難が伴うので、祖父・祖母・父親の協力を得る協働育児が良い。

こうした前提を踏まえたうえで、母親には子どもを育む能力が母性本能として備わっており、1～3歳頃までは献身的に母親が関わることが大切であると強調している。しかし、子育て環境が変化に伴い10人に1人の母親が子育てがうまくできないのが実態であり、打開策として地域の子育て支援センターや保育ママなどの福祉資源を活用することも大切であると締めくくっています。

4 おさなごの3つの感情と5つの感覚機能

乳幼児期の感情には3つの要素が含まれています。

1つ目は、怒りの感情です。「おさなご」のお、「怒りんぼの "お"」です。

2つ目の「さ」は、「騒がしく叫ぶの "さ"」です。怒りがおさまらず、混乱して手当たり次第に喚き、怒鳴り散らすことを意味します。

3つ目「な」は、「涙を流して泣くの "な"」になります。つらい悲しみや苦しみを、涙を流すことであらわにするということです。

最後の「ご」は、「五感の "ご"」です。五感とは5つの感覚機能

（触覚・視覚・聴覚・味覚・嗅覚）です。私たち人間が生きていくうえで、最も大切な感覚機能であり、人と人とのコミュニケーションの窓口でもあります。

　乳幼児が出くわすのは初めてのことばかりです。さまざまな体験を通じて人としての成長のプロセスを経ていきます。幼児は感情表現の豊かな時期にあります。

　乳幼児期の子どもは自分で生きるため、さまざまな外界の刺激を、触覚・視覚・聴覚・味覚・嗅覚の五感をフルに用いて一生懸命に吸収しています。そして、五感での対応がむずかしくなった子どもは、「おさなごの感情の３つの要素」を表出することになります。

　たとえば、子育て環境の変化に伴い、乳児は母親と一緒にスーパーなどに買い物に出かけることがあります。店内は、視覚的にはあまりにも多くの品物の陳列で、聴覚的にはそれぞれの場所で流される音楽や宣伝で溢れています。乳児はこのような強い刺激に耐えられず脳の許容量が満杯になって、心は混乱し、本能として生理的・心理的な欲求不満がつのります。そのような状況に陥っている乳児には、その「能動的な権利」（後出）を叶えてあげることが、とても重要になってきます。

　子どもに関わる大人が「おさなごの感情の３つの要素」（「怒りんぼで、騒がしく叫び、涙を流して泣く」）を充分に理解していれば、乳幼児が直面している思いどおりにならないつらい気持ちをうまく表出できる環境を整えることができます。

　乳幼児の「おさなごの感情の３つの要素」が最も激しく表出される時期には個人差はありますが、第一反抗期と言われる１歳半から３歳頃にかけて情緒的に不安定になる「いやだいやだ」の「だだこね」が出現します。

　この時期の乳幼児は、言語発達において大人顔負けのボキャブラリーを備えていますが、大人でも、自分の気持ち（感情）を言葉で表

現するのはなかなかむずかしいことですから、乳幼児は「だだをこねる」のです。ついつい親は「言葉で言いなさい」と厳しく言ってしまうのですが、うまく言葉で表現できないから身体を丸ごと使って自分の困っている気持ちを分かって欲しいと混乱した状態で激しく訴えるのです。

　少し脇道に入りますが、「子どもの権利条約」をご存じでしょうか。1989 年 11 月に国連総会で全会一致で採択され、日本も 94 年に批准した国際条約ですが、子どもたちが健全に生まれ育っていくための環境を保障するための国際的な約束です。

　この国際条約には、受動的権利と能動的権利と呼ばれる 2 つの権利が掲げられています。

　❶受動的権利——子どもは保護される存在であり、親や周りの大人から基本的な社会性を身につけるための躾をほどこされ、命を守ってもらう権利を言います。この受動的権利には、「生きる権利」と「守られる権利」があります。生きる権利には、予防できる病気などで命をうばわれないこと、病気や怪我をしたら治療を受けられることなどがあげられます。守られる権利には、あらゆる種類の虐待や搾取などから守られることがあり、とくに障がいのある子どもや少数民族の子どもなどがあげられます。

　❷能動的権利——子どもは固有の人格及び、権利の主体であり、家族や社会に対して自分の考えを意見として表明できる権利を言います。この能動的権利には「育つ権利」と「参加する権利」があります。

　育つ権利には、教育、休息、遊びが保障され、考えや信じることの自由が守られ、自分らしく育つことができることなどがあげられます。また、参加する権利には、自由に意見を表現したり、集まってグループを作ったり、自由な活動をおこなったりできることなどがあげられます。

「子どもの権利条約」の文脈で言えば、乳幼児期の「だだこね」の気持ちに耳を傾け、寄り添うことは、子どもの能動的権利を意見表明として受け入れることを意味します。最小集団である家族の一員として自分の気持ちを伝えることになるわけです。

5 感情を充分に表出させる

　乳幼児期に「おさなごの感情の３つの要素」をフルに使って感情を充分に表出させることは、発達上欠かせないことです。

　たとえば、子どもは怒り、叫び、涙を流して大人に訴え、大人にその気持ちを受け入れてもらおうとします。涙を流して泣くことでつらい気持ちを吐き出し、緊張・興奮状態から少しずつほぐされていき、ゆったりした安定状態に戻っていきます。子どもの心の状態は、「感情の３つの要素」を循環していると考えてよいでしょう。

　この感情の循環を手がかりにして、わが子の情緒の発達状態を正確に捉えることによって「だだこね」への対応が上手くできるようになります。

　「だだこね」への対応には、子どもの心を受け止める力を大人が養う必要があります。ぜひ「愛着形成プログラム」によるタッチングケア（第２章参照）に親子で取り組むことをお勧めします。このプログラムを親と一緒に取り組むことで、子どもにはソーシャルスキルが身につき、自分で考える力が養われ自尊感情の基盤が育まれます。親にとっては抱っこの触れ合いが増え、子どもの気持ちに寄り添えます。

6 乳児期の５つの情緒

　日本抱っこ法協会の名誉会長の阿部秀雄氏によると、赤ちゃんが生きていくための基本的な生存力には５つの要素があると言われていま

す。

　それは「視線を合せること」「涙を流して泣くこと」「笑顔で声を出して笑うこと」という３つのコミュニケーション機能に加えて、「おっぱいを吸う力」と「抱きつく力」という生理的な力が充分に備わっていることによって、人として意欲的に生きる条件が整うと提唱されています。

　❶「視線を合わせること」——人を見つめる時間をレヴィス・Ｍとブロークス・Ｊが研究しています。それによると赤ちゃんは母親を10〜12カ月では６秒、16カ月は８〜９秒、18カ月になると９秒は視線が合うと報告しています。

　子どもと親の「視線が合う」ことは、親子関係においてお互いの情緒が安定していることを示しています。視線が合うと、親は子どもの表情を通して感情を受け止めることができます。

　子どもの視線に関する発達検査の基準は次のとおりです。

生後１カ月：物、顔などをじっと見つめる。

２カ月：あやすと顔を見て笑う。

５カ月：知らない人が来るとじっと見つめて表情が変わる。

７カ月：鏡を見て笑いかけたり、話しかけたりする。

１歳前後：他児の行動を意識して見るようになり、真似して遊ぶことがある。

　脳へ情報を入力する最も重要な感覚機能は視覚で、全体の80％を占めると言われています。大好きなお母さんやお父さんが目を合わせてくれることで、乳児は親子の信頼関係が築かれていることを実感します。

　日頃からの抱っこのタッチングや優しい言葉かけ、眼差しを通して、自分に愛情が注がれていることを充分理解し、感じとることができているのです。もし、親に「うるさいから泣くんじゃない」と言われ続けたり、泣いて訴えているのに無視され続けると乳児は次第に目

を合わせることを避けるようになります。視線を合わせることはお互いのコミュニケーションを深めるための最も基本的な要素です。

❷「涙を流して泣くこと」——情緒、つまり乳児が心の動きを親（養育者）に把握してもらうために、その場面を提供しているのです。親は子どもがどうして泣いているのだろうと考えることができるからです。赤ちゃんが身の回りの世話をしてくれる相手にサインを送っているのです。

人が涙を流して泣く行為の研究の第1人者である生化学博士のウィリアム・H・フレイⅡは、ストレスに反応して涙を流す能力は生後数週間〜3カ月で完成すると報告しています。しかし、松田が出会った子どもの中には激しく泣きわめいているのに涙が出ない子どもがいました。そのような子どもの中には親（養育者）とのコミュニケーションが取りにくい傾向の子どもがいます。

乳児は大きな声を出し、涙を流して泣くことで、自分の気持ちに相手を惹きつけようとします。そのことによって親はわが子に注目し、抱っこしながら泣きの原因を突き止め、子どもの気持ちに寄り添い、より良い対応をするように努めます。親がしっかり抱きながら慰めると、子どもは涙をいっぱい流しながら、次第に心身が弛緩していき、落ち着きを取り戻し、目も合わせて安心した表情になります。

フレイは『涙―人はなぜ泣くのか』（日本教文社）で、涙には3つの種類があると書いています。

　①基礎分泌による涙：眼を保護し栄養と酸素と水分を供給するために絶えず流れている涙。

　②刺激による涙：ごみや玉ねぎの刺激などから目を保護する涙。

　③感情による涙：うれしい時、悲しい時、悔しい時、感動した時などに流れる涙。

この③の涙についてフレイは「感情の涙」と表現し、涙の成分を分析していますが、その結果、ACTH（副腎皮質刺激ホルモン）が検

出されています。これはストレス反応によって分泌されたホルモンで、泣いて涙を流すことによって気分が良くなるのは、ストレスによって生じた物質が涙の中に溶け出して流れ去るためだと考えられています。たとえば、乳児にとって、はじめての出来事を体験する時には緊張して不安を感じたり、思い通りにならないことがあったりした時にはつらくてストレスが溜まってしまいます。しかし、泣いて涙を流すことで、心身ともに元気な自然体の自分に立ち戻ることができるのです。「泣く」と「涙」という漢字の部首・さんずいの水分が、感情の涙になって流されるわけです。このように涙を流すことは感情の高ぶりによって体内に生じたストレス物質を排出するための重要な行為で、涙を流すことによってストレス（緊張と弛緩のバランスが不均衡）が解消されるのです。

　❸「笑顔で声を出して笑うこと」――笑顔は乳児の元気の証しですが、新生児３、４カ月頃には顔の筋肉が自動的に引きつった状態を「にっこりと微笑んだように」思い、親はわが子に一層かわいさを感じます。

　乳児のほほ笑みに対して身の回りを世話する者がほほ笑み返すことによって、乳児はおぼろげながら、自分の存在をいつも守ってくれる大好きな母親（養育者）であることを感じはじめると言われています。この微笑期は乳児にとっては人から与えられる心地よい刺激によって、心がなごむひとときであり、ほほ笑み、落ち着くということを繰り返します。そのような時に育児の大変さを忘れ、愛情を注ぐことによってお互いの意思の疎通がはかれたことで幸せ感を得ることができます。この時から親子のコミュニケーションが始まります。

　そして、人として生きていくための必須条件とも言える模倣力を身につけていく基礎づくりがこの微笑期頃から始まるのです。子どもも大人も情緒が安定している微笑期にこそ、自然な形で学ぶ意欲が発揮されて、脳に記憶として貯蔵されていくのです。

❹「おっぱいを吸う力」——母乳の授乳は単なる栄養ではなく、母子の基本的な信頼関係を築く重要な役割を担っています。生きるための栄養素を確保するための母子間のタッチングとも言えます。母乳なら、赤ちゃんを胸にしっかり抱いてその表情を見ながらタッチングできるからです。お母さんは赤ちゃんのおっぱいを吸う力を自ら身体で感じ取ることができます。しかし、必ずしも乳房から直接でなければならないというわけではありません。吸う力が弱い赤ちゃんには母乳を搾乳して哺乳瓶で与えたり、母乳の出の悪い方は人工乳にしたりします。最も大切なことは授乳時には必ず、赤ちゃんを抱いてお互いの身体を密着させることです。母親はゆったりとした気持ちで授乳しましょう。赤ちゃんの心にも充分な栄養素が注入されるひとときとなります。

人間は哺乳動物であり、おっぱいを吸う瞬間に母子の相互の気持ちが一つにつながるといわれています。乳児は母親の乳首を口にふくんだまま、うとうとすることがあります。それは、安心の拠り所を得て乳児は眠りの体勢に入ろうとしているのです。しかし、母親の乳首を口からはずすと乳児は激しく泣きだし、再びおっぱいを求めます。この授乳を通して心身の栄養素を吸収することによって心の安心を得、母子の信頼関係が築かれ、子どもの知能・人格形成の基盤が少しずつ整っていくのです。

❺「抱きつく力」——乳児期には、人間として発達して生きていくための運動機能を開花する前段階として、原始反射という機能が備わっています。この原始反射には８つの種類があり、乳児の発達を知る欠かせない目安になります。抱きつく力に関係する機能を把握反射と言いますが、赤ちゃんの手のひらに大人の指を置くと、ぎゅっと握りしめることを経験された方も多いと思います。この把握反射は乳児が養育者に抱きつくための本能的な力です。これらの把握反射の力は、手指では生後４カ月頃に、足指では１歳頃に消失します。

乳児が、だっこというタッチングから求めるものは、２つの要素があると言われています。

　１つ目は、身体を安定させるという身体的欲求です。乳児は３〜４カ月頃にかけて首がすわるための準備として、身体を安定させる身体的欲求が起きます。養育者に抱かれることによって身体保持の姿勢をコントロールする基礎ができ上がります。

　２つ目は、情緒的欲求を満たすことです。乳児は６〜７カ月には人見知りが始まります。人見知りが続く時期には、母親を安全基地として安心感を充足させるための抱っこが必要となります。誕生時からずっと自分のことを世話してくれている母親（養育者）のみに心を開く、甘えの抱っこと言って良いでしょう。この時期の乳児が求めるタッチングは、子どもの発達において最も重要なものです。

　最近の新生児医療看護では、早産による低体重出生児のケアは新生児集中治療室（NICU）で、検査や治療をおこなう際、看護師が乳児の頭を含め身体をしっかり両手で包み込む、「ホールディング」という方法が採用されています。乳児は全身をしっかり包み込まれる感覚を感じ取り、心身ともに温かさ（母体の羊水の中で過ごしていた胎児期と同じような感覚）を吸収して安心するというデータが報告されています。新生児医学会などで研究が進められていますが、「ホールディング」というケアが乳児の神経発達にも良い影響をもたらすという成果も認められ、乳児期から心身の丸ごとを抱くことの重要性が改めて注目されています。

　肌と肌の触れ合いを通して、心の栄養素を注ぐ方法が、抱っこによるタッチングケアなのです。子どもが母親（養育者）に抱かれる行為は心地よい触覚刺激となり、体内の血流が活性化されます。

　効果的な抱っこによるタッチングケアを紹介しましょう。

❶養育者は座って乳児を腕に抱きます。

◆タッチングケアの基本的なマッサージ

❷手のひらで乳児の手の先から腕に、爪先から脚に向けて優しく
　なでていきます。
❸いずれも心臓に向けて優しくマッサージをします。

　肌と肌の触れ合いが乳児にも養育者にも心地よいタッチングになり
ます。乳児の体内の血流も活性化され、生存を維持するための司令塔
である脳をはじめ、筋肉や骨、すべての内臓器官の機能が順調に活動
できるようになります。乳児は養育者の胸に抱かれることによって、
「心の安全基地」を実感することができ、この体験がまだ知らない世
界に視野を広げるステップになっていきます。
　愛媛県立とべ動物園で生後２週間くらいのオランウータンの赤ちゃ
んを観察したことがあります。赤ちゃんが母親のおっぱいを吸ってい
る途中で、一瞬母親から離れました。するとすかさず、兄らしきオラ
ンウータンが母親の胸に入り込もうとしたのです。しかし、赤ちゃん

はすぐにぎゅっと母親に抱きつき、再びおっぱいを吸いはじめたのです。この時、母親も赤ちゃんが乳を飲みやすいように体勢を変えました。このシーンをビデオに収めることができましたが、オランウータンの赤ちゃんが本能的にしっかり抱きつき乳を吸う姿を見て、人間の母子関係のあり方を、もう一度見直す必要があると強く感じました。

　スマホに夢中になって、子どもを抱っこする機会が減っている若いお母さんも多いなどの指摘もされますが、乳幼児期は知能・人格形成において最も重要な時期ですので、心身の発達に大切なこの時期に抱っこをする機会を意識して増やして欲しいと思います。

７　赤ちゃんの言葉は涙を流して泣くこと

　助産師の青柳かくい氏は、赤ちゃんが泣く意味は６つあると指摘しています。

❶おなかがすいたという訴え―空腹

❷身体のどこかが痛いという訴え―痛み

❸母親に抱かれて甘えてみたいという訴え―甘え

❹おむつが濡れたり、暑いなどの不快の訴え―不快

❺心地よい眠りに入れずに眠いという訴え―眠い

❻これらの訴えに反応がかえってこないという訴え―不安

　このように赤ちゃんは、自分自身を守る手段として、生理的な快不快で泣くという行動を取るのです。これは赤ちゃんに備わった生きる術なのです。

　前掲した北山修氏が指摘しているように、**❶１歳前後まで独歩が不可能、❷人としての言語獲得が不充分、❸摂食機能の発達が不充分**なため、生後になってそれぞれの機能を獲得しなければなりません。

　人は出産と同時に産声（泣き声）をあげて、この世に誕生します。人生は泣くことで始まります。親としては感動の一瞬です。赤ちゃん

にとって産声は生まれて初めての一声で、言葉なのです。乳児は身辺処理（食事・着脱・排泄・清潔など）を自分ではまったくできない無防備のままで誕生したわけですから、養育者のサポートがなければ、生命の危機に瀕してしまうのです。そう考えると、赤ちゃんの産声は「お父さん、お母さん、よろしくね！」という心からの挨拶です。

　養育者は乳児が泣いたら、なぜ泣いているのかタイミングよく理解することが必要となってきます。助産師の経験から青柳氏が理解した６つの泣きの意味は、大変参考になります。乳児の表情を見ながら優しく抱っこし、慰めながら、適宜、言葉かけをしていくことが大切です。そして、乳児が求めていることに適切な対応をしていくことで、少しずつ愛着の絆が形成されていきます。

8　乳児は一時的に発達が足踏み状態や後退することがある

　児童精神科医の渡辺久子氏は、乳児が発達していく過程で、心身ともに何度か落ち込み、混乱する時期があると言っています（『恩寵財団母子愛育会主催研修会の資料』を参照）。個人差はあるが、生後18カ月までに数回あると指摘しています。この現象は今まで自分でやれていたことが突然できなくなるなど、発達の一時的後退が起こるためだと考えられています。

　わが子にこの現象が起こると、母親もわが子の姿を見て苦しみ、子育てに悩み、落ち込んで育児に困難を感じ、場合によっては虐待の引き金になることもあるということです。

　エジンバラ大学心理生物学教授のコールウィン・トレヴァーセンは、乳児のこのような発達上の「足踏み状態」は成長過程における一時的な後退現象であり、意識の変化や感情の動きの変化が引き起こすもので、肉体的な成長と密接に関係していると言っています。乳児が新しいコミュニケーション能力や知識を獲得して成長していく際の大

きな飛躍の直前に起きる現象だそうです。

　また、教授は「人見知りの時期に入ると快活だった赤ちゃんは急に身の周りに過剰に敏感になって怯えるようになる」「それが一、二週間も経つとがらりと変わって、以前よりもさらにさまざまなものに興味を示すことが見られ、再び飛躍する」と指摘しています。

　このように子育ては、前進・後退・再前進のプロセスを歩みながら、親子で共に強くたくましく成長していくものなのです。

9　情緒発達と子どもの言葉理解

　親と子の関わりにおいて、言葉の理解がどの程度の発達の段階であるかを知ることも大切なポイントです。子どもが言葉を理解する程度を知ることによって、情緒発達の段階、行動の意味を理解することができます。

❶志向期（情緒発達）＝指向期（言葉理解）　共同注視

　生後９カ月〜１歳前後になると、自分の世話をしてくれる母親との密着した関係から、「安心基地」としての母親の存在を意識しながらも、徐々に自分の世界を広げる段階に移行していきます。これ以前の段階は、母親と子どもの二項関係、一対一の関係がほぼ全体を占めていたと言ってよいでしょう。

　この頃から事物にも興味・関心を示すようになり、母親との関係を中軸にしながらも、物を媒介とする関係性が発達していきます。

　たとえば、母親がネコを指さしながら「ニャーニャー来たね」と言いますと、子どもはまずは母親を見て、次に母親が指さした方向にいるネコを見ます。自分と母やネコという三項関係が成立します。親と一緒にネコという存在に注目し、その事物を共有する関係が形成されてくるのです。

ニャーニャー
来たね

◆三項関係の成立

　この三項関係が形成されてくる時期から、玩具や絵本を通して親子の間の指さし行動、対話を増やすことで、三項関係を確かなものにしていきます。このような身近な人からの指さし行動を繰り返し体験することによって、子どもは次第に他人の行動を模倣する力を獲得していきます。

❷得意期（情緒発達）＝定位期（言葉理解）

　1歳～1歳3カ月頃から、子どもは「あっ　あっ」と言いながら自分の視野に入ってくる興味や関心を持った事物などに指さしをおこない、やみくもに身近な母親をその方向に注意を向けさせようとします。また、「むすんでひらいて」などの歌に合わせて、顔や身体の部位を指さしできるようになります。この指さし行動は子どもが言葉をどの程度理解しているのかを示す指標になります。この指さし行動は、子どもとのコミュニケーションのツールとして活用できます。

❸吸収期（情緒発達）＝可逆期（言葉理解）

　1歳半～1歳9カ月頃から、子どもは身近な人の言動を見て興味を持ち、自発的に真似したり、自分のできる範囲で手伝いを進んでやろうとします。これらのやりとりを通して対人関係を築き、社会性を身

わんわんは
？

◆指さしによる言葉の理解

につけるレパートリーを増やしていきます。

　この時期の指さしを「可逆の段階」と言います。可逆の段階では、物の名前を言葉で表現できなくても、その物の名前や弁別、そして用途をほぼ完全に理解しています。

　たとえば、「車が走り、歩道にはイヌを散歩させている人」が描かれた絵本を見せて、「わんわんはどこにいる？」と質問した時に、子どもがイヌの絵を指さすことができれば、子どもはイヌの存在を弁別していると判断できます。

　周囲の物や人に関心を持ち、子どもが「これは？」と質問する機会が増えてきます。これらの過程を通じて、さまざまな事物についての情報を吸収し、記憶して、理解を深めていきます。大人が準備した遊びの場で、他の子たちを意識しながら集団遊びにも参加するようになり、遊びの中でルールを身につけていきます。

10 「だだこね」は発達の不可避のプロセス

　1歳半から2歳頃にかけて、両価感情（アンビバレント）という同時に2つの感情を表現してしまう時期があります。たとえば「自分で充分にできなくてもやってみよう」という自立心がある一方、ま

だ、自信が持てなくて「やりたくない」と言って養育者に甘えようとする依存心が同時に起きてしまいます。「二律背反」とも言いますが、やってはいけないことを我慢できる自制心と、我慢という抑制の歯止めが利かずにやってしまおうという気持ちが同時に生じてしまうことを言います。

定型発達の子ども（心身の発達が順調で年齢相当であること）でも、急速に発達していた脳の成長が一時的にペースダウンし、停滞気味になる時期があります。この時期、子どもは情緒面が不安定になり、混乱をきたすことがあり、いわゆる機嫌が悪くぐずることが増え、「いやいや」を連発します。

子どもは表出言語では2、3語文が言え、養育者の言葉を理解する力も徐々に身についてきていますが、自分の気持ちをうまく言葉で表現することには、まだまだ不充分さがあります。

第一反抗期が、いわゆる「だだこね」という形で始まるのです。個人差がありますが、この「だだこね」は1歳半から3歳頃まで表われ、脳内の不安定さとあいまって「小さな火山の爆発の時期」がしばらく続くのです。この「だだこね」を養育者が受け入れ、上手に付き合うことが必要になります。

11 「だだこね」への対応と自立心

子どもの「だだこね」を親が受け入れると、わがままな子どもになってしまうという意見もありますが、果たしてそうでしょうか。

ここで言う「だだこね」を受け入れるということは、子どもの要求をそのまま受け入れて応じるということではありません。「だだこね」を受け入れるということは、子どもの「意見表明」（気持ち）に適切に対応することです。

この世の中は、必ずしも自分の思い通りにはなりません。そのこと

を乳幼児に教えるチャンスがこの「だだこね」への対応です。子どもは思い通りにならないことを学ぶ機会が与えられるのです。とことん親子の良い意味でのバトルを通して、お互いの意思疎通を深めることができるのか、それともできないかは、この「だだこね」に適切に対応できるかどうかにかかっているのです。

「だだこね」の対応の仕方を誤ると大人にとっては子どもを虐待してしまうリスクを抱えてしまいます。「だだこね」がわがままのはじまりではなく、「だだこね」への対応の仕方次第でわがままの芽が出てしまいます。

親（養育者）としては子どもの「だだこね」による要求に応じられない場合には、５つの段階を踏んで子どもへの対応をします。

　１段階──抱っこしながら、子どもの瞳を見つめます。子どもの気持ちを充分受け入れた態度で「～したいんだね。その気持ちはよくわかるよ」とその気持ちを認めます。

　２段階──どうして応じられないのか、わかりやすく丁寧に話し、親の事情を伝えます。

　３段階──要求に応じてもらえない子どものつらい気持ちを慰めます。

　４段階──子どもが親の事情を理解してくれたことをほめます。

　５段階──親が要求を受け入れることがあるのか、今後の展望について子どもと話します。

「だだこね」への対応として、しっかり抱っこして１〜５段階を実行してください。

「だだこね」を起こす原因は子どもがある物を欲しがるということだけではありません。大好きな親にただかまって欲しいということもあります。子どもの状況を踏まえて、「だだこね」を見極めることが大切です。

実際の例で、「だだこね」への５段階の対応を説明しましょう。

寒い日にスーパーに子どもと買い物に出かけました。おいしそうなアイスクリームが売られていました。それを見た子どもが「チョコのアイスクリームが食べたい」とだだをこねはじめました。親としてはアイスクリームを買うつもりがまったくありません。

　店内ですので、他のお客さんの迷惑になりかねませんので、まずは子どもの目を見て両手をしっかり握り、はっきりと「今日は寒いから買いません」と買わない理由を伝えます。子どもは必ずしも、すんなり親の言葉を受け入れることはないと思います。

　その場合、親にとっては思うように買い物が進まないので大変なのですが、親の気持ちを伝えるために、買い物を切り上げて店を出ます。子どもがクールダウンできる場所に移動します。

　そして、子どもを抱っこして、次の5つの段階をおこないます。

　1段階の、子どもの気持ちを受け止めて「チョコのアイスクリームが食べたかったんだね」「とても、おいしそうに見えたし、○○ちゃんの食べたい気持ちわかるよ」と伝えます。

　2段階では、「今日は寒いから、食べたら○○ちゃんの身体が冷えてお腹を壊したらいけないから買えないのよ」と親の事情を話します。

　3段階では、チョコのアイスクリームを買ってもらえない子どものつらい気持ちを慰めてあげます。

　4段階では、お母さんのお話を子どもが理解してくれたことをほめてあげます。

　5段階では、今後の展望として「お日様がでていて暖かい日に、○○ちゃんがチョコのアイスクリームを食べたかったら買ってあげようね」と親子で約束をします。

　はじめての「だだこね」に遭遇した時には、しっかり抱っこすることはとても大変なことです。たとえ乳幼児であっても、子どもは自分の気持ちを必死に伝えようとしていますから、すごく力が出ています。わが子の言動にたじろがず、皮膚と皮膚が触れ合う抱っこを通し

て、5段階を真剣に丁寧に実行することが重要です。

　子どもは大好きなお母さんは「ぼくの気持ちをわかってくれているんだ」と、必ず理解してくれる親思いなところがあります。この大変なバトルを親子でクリアできれば、徐々にでも必ず子どもは聞き分けも良くなっていきます。

　最初はダメと言っていたのに、子どものすごい力にたじろいでしまい、こんなに激しく泣いて可哀想だからと、根負けして子どもの要求に応じてしまうことになれば、わがままのはじまりとなります。子どもは「だだこね」をして泣きわめけば、自分の要求が叶えられるということを学習してしまったことになります。今後、親子の関係において悪循環が生じやすくなります。そして、そのことが我慢する自制心を育めない原因にもなります。

　1歳9カ月〜2歳頃になると徐々に、物事に対して主体的に考え判断をすることが増えてきます。そして、うまく行動することができなくても意欲を持って1人でやりたがるようになります。また、今は我慢する時であると自制する力や、他児の遊びに関心を示し、積極的に近寄っていく自発的な行動を実践する力が養われていきます。

　自立心が育まれてくるこの時期になって、「だだこね」の対応をていねいに適切におこなっても、なかなか聞き分けが良くならない子どももいます。個人差はありますが、4歳を過ぎてもこのような状況が続く場合には発達上、脳に機能不全があって、コミュニケーション能力に支障が生じていることも考えられます。子育て相談のカウンセラーや児童精神科医に相談されることをお勧めします。

12　相手の気持ちを思いやる心が育つ交友期

　3歳〜5歳にかけて、絵本の読み聞かせによるストーリーに興味を示し、自分の体験を交えて話すこともできるようになります。自分よ

り小さい子が困っていると気にかけて子どもなりに相手を慰めるなど世話をしてあげようとします。

　一方で、他の子どもを意識しながらごっこ遊びに没頭する姿が見られるようになり、周りの子どもに対して競争心も芽生えてきます。自分の行動や感情を目の前にいる相手に対して主張することも目立ってきます。この自己主張ができることは発達上、欠かせないものです。相手に自分の気持ちをはっきりと伝え、相手にも理解を求める行動をとることで、自分の思い通りにならないことを体験し、自分の感情をコントロールしながら、我慢することを学び、自分の気持ちを抑制する力も養なっていきます。基本的な生活のリズムに沿って規則正しい習慣を守ることも少しずつ理解していきます。

　大人の適切な介在の中で、自由な遊びを通して少しずつ役割を弁えていき、子ども同士のさまざまなやりとりから相手の気持ちも理解しながら譲歩したり、ある時は自分からルールを提案し、交渉する力を発揮する場面も出てきます。これらの体験を通して、自制心を育んでいき、コミュニケーションのやりかたを学んでいきます。

　子どもは大人や子ども同士の関わりの中で自己抑制と自己主張を繰り返し、葛藤しながら、認知心理学者のピアジェの言う「自己中心性」から少しずつ脱皮して、周りの子どものことを考え、相手の気持ちも読み取れるようになっていきます。

　「心の理論」という実験を紹介しましょう。３歳児、４歳児、５歳児に、同じ人形劇を見せて質問をしますと、その答えがそれぞれの年齢において違いがあることを実証した実験です。

●心の理論──実験人形劇

　Ａちゃんとｂちゃんがいます。Ａちゃんはカゴを持っています。
Ｂちゃんはハコを持っています。Ａちゃんはぬいぐるみで遊んで

いましたが、自分のカゴにぬいぐるみを入れて外に遊びに出かけました。

　それを見たBちゃんは、Aちゃんのカゴの中からぬいぐるみを出して、遊びました。しばらくすると、Bちゃんはぬいぐるみを自分のハコの中に入れて外に遊びにいきました。

　そこへAちゃんが戻ってきて、ぬいぐるみを探しました。

　人形劇はこのシーンで終わります。

　さて、Aちゃんはどこを探すでしょうか、という質問を子どもたちにします。

　3〜4歳の子どもは、「Aちゃんはハコを探す」と言ったり、ハコを指さしたりします。子どもはぬいぐるみがBちゃんのハコに入っているのを知っていますので、「どこを探すでしょうか」という質問に

Aちゃんはカゴ、Bちゃんはハコを持っています。

Aちゃんはぬいぐるみをカゴに入れて出かけました。

Bちゃんはぬいぐるみを出して遊んでから

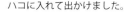
ハコに入れて出かけました。

帰ってきたAちゃんは、ぬいぐるみを見つけるのにどこを探すでしょう？

◆心の理論に用いられる人形劇

対して、Ａちゃんの視点ではなく、自分の視点から考えて答えてしまうのです。ぬいぐるみが別の所に移動したことを知らないＡちゃんの視点からは考えられないのです。つまり、３〜４歳児と４歳代の半数はまだ自己中心性の段階で自分の立場から物事を考えて行動してしまうのです。

　４〜５歳の年齢になりますと、「Ａちゃんはカゴを探す」という正答率は50％、５歳以上の子どもはほぼ正答すると報告されています。Ａちゃんと自分をはっきり弁別して、「Ａちゃんはカゴに入れたと思っている」と、正しく認識できているのです。

　このように４、５歳児頃から次第に相手の視点に立って物事を考え出します。思いやりの心が育ち、子ども自身の言動として表現でき、他の子どもたちとの関係をうまく築いていけるようになるのです。この心の理論の実験は相手の気持ちを思いやる心が芽生えているのかを見極める指標と考えられています。

13　自尊感情を育む環境が大切

　「だだこね」への対応を適切にしてもらえた子どもは徐々に聞き分けが良くなり、親の気持ちもよく理解できるようになります。今は我慢をする時（自制心）、今は自分で考えてやりたいことを自信を持って取り組む（自立心）という心性が育まれます。

　子ども自身が、自制心と自立心をバランスよくコントロールすることが可能な心の状態になるには、自尊感情と相手に対する思いやりの気持ちが芽生えていることが必要になります。相手の立場になって考え、その気持ちを忖度して、自分の考えや行動が正しかったかどうかを再考察する力、少し専門的な言い方をすると、（自分の）認知を（自分で）認知するというメタ認知の力、つまり、自分自身を客観的に把握し認識する力が養われていきます。

自尊感情が育まれる環境を考えてみましょう。人間は誰1人として、自分の力のみでは生きていけませんから、1人では自己の確立は実現できません。

　自尊感情のことを英語で Self Esteem と言います。Self はセルフ・サービスのセルフですが、実際にセルフ・サービスと言っても多くの人が関与しているわけです。私は英語の Self の4文字に単語を当てて、次のように解釈しています。

Smile and Enjoy of Life with Family.

Self とは＝家族とともに生活を笑顔で楽しむ。

　F は、Friends（友だち）、Fellows（仲間）でもあり、自尊感情の豊かな人は、どのような人間関係に置かれても、人とのコミュニケーションがうまくできる要素を持っています。

　自尊感情を育む方法として、「愛着形成プログラム」（1歳半〜3歳頃。第2章参照）、「ゆらゆら・ぎゅっぎゅっ体操」（4歳〜10歳頃。第3章参照）をお勧めします。また、「S-ACT（感情表現法）」（大人の側のストレス解消のワーク。第4章参照）は、子どもへの虐待を未然に予防でき、健やかで幸せな家庭生活を過ごすことができるプログラムです。

14 　地域社会というコミュニティの中での子育て

　実は、私の父にはアスペルガー症候群（自閉症スペクトラム）と思われる症状がありました。自分でスケジュールを立て、その通りに物事が進まないと混乱したり、JR（旧国鉄）の時刻表を毎月購入するマニアで、運賃や乗換えルートを入念に調べ、出張時には自分で決めたコースに従って行動をしていました。

　家庭の中でも自分の思い通りにならないと、妻に暴力（家庭内暴力＝ DV）を振るいました。私は幼少の頃から、父の暴力が怖くていつ

もびくびくしていました。心理的な虐待を受けていたのです。

　中学進学で名古屋の家を離れ、東京の私学で学ぶことになり寮生活を送ることになりました。小学6年まで毎日、布団には地図を描く夜尿症でしたので、不安もありましたが、親から離れたことで、精神的な抑圧から解放され、不思議なことに夜尿症はぴたりと止まったのです。

　虐待の世代間連鎖は4割と言われていますが、幸いにも私は母親の心情の強さに守られたのか、結婚してわが子を得てからも、わが子への虐待に陥ることがありませんでした。余談ですが、私自身が受けたこのようなつらい体験を娘にはさせたくないと心に誓い、「ラブリー・チルドレン」という歌（CD33に収録）を娘の誕生した時に作っています。

　昔から言われているように、家庭が最も基本的で大切な子育ての単位であることは変わりありませんが、子どもの命は神様から与えられたもので、親の私物ではありません。親の一方的な考え方で子どもに将来の夢を託すことはできません。現代の子育てはさまざまな子育て支援機関の援助を受けることができるようになっています。

　地域社会というコミュニティの中での子育てをおこなっていくことが現代社会では求められているのです。子どもは成長し自立して、いずれは社会に巣立っていきます。親は子どもが自立するためのステップ期間を地域社会から預かっているという意識を持つことができたら、もう少し客観的に子どもを見られるようになり、子どもを私物として思うがままにしたり、一対一の関係だけで子どもを追い詰めてしまうようなことが避けられると思います。

　世界が文化の急速な同質化を深めつつあり、日本社会も良きにつけ悪しきにつけ、変革を迫られる時代になっています。家族を社会の基礎単位にした家庭生活がその実態を失い、同じ屋根の下に生活しながらもコミュニケーションが希薄になって、親子関係にも支障をきたし

ているケースが増えています。

　家庭が担っていた教育の機能が衰退し、画一的な学校教育や勝ち組・負け組の淘汰思想や、現実社会での非正規雇用のまん延は、子どもたちが人間らしく当たり前に生きていくライフステージを用意できなくなっています。さまざまな困難を抱えている人がとても多くなっています。とりわけ、子ども、高齢者、障がいのある方に大きなしわ寄せが生じてきています。

　子どもにとってのライフステージの出発点である子育ち・子育てが豊かなものであることが、思春期から成人期を迎え、社会を創りあげる心身両面で能力を持った人格を形成するために重要であることが、もっと強調されて然るべきだと思っています。

15　血液脳関門の形成と有害物質

　子どもの発達と脳の働き、血液と栄養の問題にふれてみたいと思います。

　血液脳関門という、最近注目されている働きがあります。この血液脳関門は、中枢神経系に備わっていて、脳や脊髄の血管に神経伝達物質を正常に送る働きをしています。細菌やウイルスが脳や脊髄に侵入するのを防ぐ関門の役割を担っているのです。2015年の再生医療シンポジウムで、北海道大学遺伝子病制御研究所教授の村上正晃氏は、この血液脳関門へとさまざまな細菌やウイルスを混入させる入口が、脊髄の第5腰椎の背側の血管であることを報告しています。

　人の血液脳関門は胎生期後半から生後10日目以降に成熟をはじめ、個人差はありますが、ほぼ1歳半〜2歳頃には完成されると言われています。血液脳関門は胎内にいる段階から、脳にとって相応しくない物質を脳内に入れない関所の役目を果たし、人が成長・発達する上での物質的・生理的な基盤を築いているのです。

生後６カ月までの血液脳関門は未発達で、環境ホルモンなどの有害物質をくい止めることが不十分な状態にあります。乳児期は血液を通しての脳への刺激が活発な時期なのですが、有害物質を取り込むと、乳児の心身の発達にさまざまな支障をきたすことにもなりかねません。

　21ページの８節でも示したように、乳児は一時的に心身の発達が足踏み状態になり、後退する現象があらわれます。これは、血液脳関門が形成されていく時期とも関連していると推察されます。しかし、現時点では科学的なエビデンスはなく、今後児童精神医学や心理学の立場からの、乳幼児の心身の発達と血液脳関門の形成に関する研究がさらに発展することを期待したいと思います。

　この点からも、とりわけ血液脳関門の完成期までは、極力、有害化学物質を取り込まないように日常生活の環境を整えることが重要です。子どもの命を守り、子どもの心と身体により良い栄養素を提供する義務が大人には課せられているのです。そのことによって、子どもたちは生きる条件を獲得することができるのです。

　現代社会は、国を越えて経済・文化・物資が行き交い、一方で負の結果である複合汚染（大気・水質・土壌・食品添加物など）を地球規模に拡散してしまいました。乳児期の血液脳関門が完成される前の形成期に、すでに有害化学物質が皮膚から浸透したり、摂食によって曝露されてしまっている状況になっています。

　たとえば、アレルギー体質の子どもたちが増え、皮膚に症状が出る場合はアトピー性皮膚炎に、気管支に症状が出る場合は喘息を発症したりします。また、最も深刻な症状として、脳にアレルギー症状を起こして、脳の神経伝達物質の働きが混乱してしまう「発達障害」と言われる子どもも増えているという報告もあります。

　このように小さな身体は悲鳴をあげ、情緒面の心理的側面にも配慮が必要な子どもが増えているのです。これらの症状に苦しんでいる乳

幼児は、二次的な障がいとして情緒面やコミュニケーション機能にも支障をきたしている状況で、大きな社会問題となっています。国際的にも早急な研究と、改善が求められています。人間が必要悪で作り上げた環境ホルモンを根絶しない限り、これらの症状を喰い止める解決策はないのです。

16 子どもの食生活　2つの重要な栄養素

　人にとって有害物質である環境ホルモンは、他の動物生態系にも影響を与え、地球の存続も危惧される状況になってきています。個人差もありますが、子どもの食生活の内容に注意することが大切になってきています。

　子どもの食生活にとって重要な2つの物質があります。

　1つ目は、脳の血流を活性化するレシチンです。レシチンは卵黄や大豆（でんぷん・タンパク質・脂肪）に多く含まれています。レシチンは、リン脂質の一種ですが、脳の神経伝達物質のアセチルコリンやドーパミン、セロトニンなどの脳細胞内バランスを調整する働きがあり、脳内の血流が活性化されます。レシチンには、心身の緊張と弛緩のバランスを整え、ストレスを緩和する効果があります。

　2つ目は、デトックス作用のある植物由来のミネラルです。ミネラルは本来、カルシウム・硫黄・カリウム・ナトリウム・マグネシウム・銅・亜鉛・鉄・マンガンなどの鉱物質の栄養素です。アメリカのユタ州においてネイティブアメリカンや小動物が健康的に過ごしていたことから、その川の水質を分析し、周辺を調査したところ、植物成分が含まれている堆積地が発見されました。周辺の動物や住民がこの川の水からミネラルを補給していたことが健康につながっていると考えられています。

　私たちの体内ではミネラルを作ることができませんので、食事時に

補給する必要があります。鉱物系のミネラルを多量摂取すると体内で有害物質となり、身体に悪影響をもたらしますが、植物に由来するミネラルは無害で、植物系ミネラルを補給することによって、皮膚吸収や摂食により体内に蓄積された有害物質を老廃物として体外に排出することができます。これらの有用な物質を取り入れた健康補助食品を含め、子どもたちの心身の発達にとってより良い食環境を心がけることが大切です。

　レシチンを豊富に含む大豆や納豆・豆腐などの加工食品、ミネラルを含んだ野菜や果物を食卓に上げて、家族の食生活の改善に努めてみましょう。

対象年齢は1歳半〜3歳

　この愛着形成プログラムの対象年齢は、1歳半〜3歳頃の乳幼児です。また、発達に遅れのある子どもさん、「発達に心配りを必要とする子ども」にも適しています。

　❶親子の愛着関係を育むことによって、子どもの情緒が安定した形で発達することを目的に考案したものです。

　❷1歳半〜3歳の時期は、情緒の発達においては「だだこね」が始まり、身体的には首のすわりも充分で安定しており、揺さぶり遊びなどの前庭感覚への刺激による運動機能も発達しています。

　❸母子分離がスムーズにいくように、2歳児対象のプレ保育で、集団保育に入る前のステップとして採用している幼稚園もあります。

　❹リスクが少なく、親子で楽しく取り組めます。

　❺オリジナルの歌を中心に歌いながらおこないますので、言語の基礎である発声、情緒の発達を促します。

　❻大人も楽しく歌を歌えば心がはずみ、ゆったりした気持ちで子どもと関わることができます。

◆めいたんパークでの子育て支援

地域の児童館のスタッフの協力を得て、ほぼ毎週1回、めいたんパークと名付けて乳幼児の子育て支援プログラムをおこなっています。このめいたんパークには、今治明徳短期大学の学生も学びの場として参加しています。私はイクジーとして、若い親御さんとその子どもたちの輪の中に入り、持参したギターを弾きながら、親と子のタッチング遊びを盛り上げています。

注意点

　愛着形成プログラムは、肌のふれ合いを通して、ボディイメージ（身体像）の形成をはかりながら、母と子どもを共鳴関係へと導きます。ボディイメージが形成されると、子どもは自分の身体の大きさや体型を脳内で認知することができます。

　たとえば、子どもが机の下を潜ろうとした時に頭をぶつけて痛い思いをすることがありますが、まだ自分の身体像が形成されていない状態だからです。自分で机の下を潜る時に、自分の身体をどの程度屈めれば、頭を打つことなく潜れるかを脳内で認知できれば、頭を打たずにすむのです。

　愛着形成プログラムをはじめるにあたっての注意点は、次の5つです。

　❶子どもの発達の状態に合わせて、身近な物を用いたり、母子分離ができはじめた子どもには父親にも参加してもらう課題もあります。

　❷大人（母親）がリードしておこないますが、ゆとりを持って、子どものペースに合わせておこなうように心がけてください。

　❸課題をおこなう前に、必ず一度は、歌に合わせた動作の内容を言葉で伝えて誘導しましょう。

　❹課題がマンネリ化したり、子どもがフラストレーションを起こした時には課題を取りやめ、気分転換をはかります。

❺プログラムは5つのパートに分かれ、それぞれ5つの課題があります。子どもの状態に合わせながらどれからはじめてもかまいません。

プログラムの効果

愛着形成プログラムを進めていくうちに、足のほうから緊張がほぐれ、しだいに手や腕も弛緩し、顔面にも笑みが浮かび身体全体がリラックスし、発声もしやすくなってきているように感じます。そして、いつも世話してくれる養育者に心を開いて、視線も良く合うようになってきます。

自閉症の症状があり、落ち着きのないMちゃん（4歳）もプログラムを実施し、3カ月間毎日取り組みました。初回と3カ月後にビデオ撮影した記録を、再生して見てみました。すると3カ月の間に笑顔の表情で視線もよく合い、声もよく出て、身体もリラックスするようになってきていました。

愛着形成プログラムの視線合わせは、大人の行動を見つめることではなく、目を合わせることですから、見つめる場所が限定されています。視線合わせの課題目標は、あらゆる物事に対して情緒が安定し、落ち着いて集中できる体勢づくりにあります。

チェックポイント

このプログラムにはチェック項目がありますが、チェックすること自体が目的ではありません。親子で楽しくタッチングしながら心の交流を深め、愛着形成を築くことが一番の目標です。

子どもと視線が合う（アイ・コンタクト）、声を出して笑うという表情の豊かさ、子どもの身体のリラックス度、この3点に着眼して、評価をします。

●チェックの３つのポイント

❶視線が合う（アイ・コンタクト）

❷表情の豊かさ（ほほ笑み・笑い声）がある

❸緊張と弛緩のバランス（リラックス度）

●チェック方法

　全体的に子どもが楽しんでいれば、目が合うでしょうし、笑顔が見られ、身体もリラックスしています。その場合は下のチェック項目にそれぞれ○印を記入します（この表では２回おこなうことにしています）。

月／日	視線が合う		表情の豊かさ		リラックス度	
	①	②	①	②	①	②

実践 愛着形成 25 のプログラム

触覚刺激遊びと模倣遊び

子どもは、一番身近な人に身を委ねます。模倣遊びからはじめて、緊張をほぐしていきます。触覚刺激を通して、体内の血流が活性化していきます。

1 甘えん坊 ・・・・・・・・・・・・

「あまえんぼう」の歌に合わせておこないます。大人は両脚を広げて座り、子どもは真向かいに座り、大人の両脚にガードされます。大人は子どもの両肩を左右に傾けながら揺らします。子どもは自分の身体が倒れないように両腕で保持します。子どもが自分の両腕で保護伸展（両手の手のひらを床に置いて自分の身体を支えること）がうまくできない時には、子どもの両肩を保持して、両方の手のひらを床に着地させてあげます。これを2回します。

子どもは大なり小なり触覚防衛反応を示すもので、親しくない人から身体を触れられると、子どもはビックリした表情をすることもあります。大好きなお母さんにほめられて頭をなでられたり、頬ずりをされたり、両頬をなでられると子どもは安心して身を任せようという気持ちになります。子ども自身がお母さんとはまったく違う個人であると理解していれば、自分でバランスを取りながら自分の身体を保護伸展します。

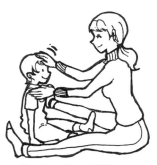  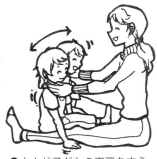

●向かい合って座り
頭をなでる。

●顔を見合わせながら
頬をさする。

●大人が子どもの両肩を支え、
左右に揺らす（身体の傾きを
子どもが自分の手で支えられ
るかどうかを見ましょう）。

♪ あまえんぼうの
〇〇ちゃんかな？

♪ えがおの
〇〇ちゃんだよね

♪ ワッハハ
ワッハハハノハ

●チェック項目1

月／日	視線が合う		表情の豊かさ		リラックス度	
	①	②	①	②	①	②

＊チェックの方法
指定の回数（この場合2回）を繰り返し、子どもの反応があった時に〇印をつけます。

　「手を出して」の歌に合わせておこないます。子どもは大人の真似をして、❶ばんざい、❷大人と握手、❸大人の手のひらを叩く、3つの動作をします。

　自分の意思でするようにしましょう。

　大人は両脚を広げて座り、子どもは真向かいに座り、大人の両脚にガードされます。

　模倣のできない子どもには、鏡の前で背面抱きでおこなう方法もあります。大人が一方的に子どもに真似させる必要はありません。大人が子どもに手を添えて、笑顔で楽しくおこないましょう。日頃から大人が子どもの動作やしぐさを真似して遊ぶことで、子ども自身に注目されているという喜びを味わわせます。そして、徐々に、子どものしていた動作を大人のペースでやり、少しアレンジしてみたりして、それを子どもに真似させるように切り替えて導入します。

　子どもは自分の心の中に溜まったストレスをうまく訴えることができずに、周りの子どもに当たって叩いたり、我慢している状態が手指に困った癖（問題行動ではなく本人が困っている）のような行動として表れることがあります。そのような行動には指しゃぶりや自分の手を噛むなどがあげられます。

　このような時にはできるだけ、大人が関わるようにして、「お母さんの手のひらを叩いてごらん」とか、「○○ちゃんのお手々を握ってあげよう」と歌を歌いながら、手を差し出してください。困っている行動は子どものサインとして受け止め、「〜してはダメ」と言わずに、子どもの手を持って、大人の手のひらを叩かせるようにします。

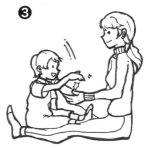

●向かい合って両手を上げる。

●両手を差し出し、ぎゅっと握る。

●両方の手のひらを広げて差し出し、その上をパチパチと叩く。

♪
手、手、手をあげて
手、手、バンザイの手

♪
手、手、手を出して
手、手、握手の手
(おかあさんの手)

♪
手、手、手をたたこう
手、手　パチパチ手

●チェック項目2

月／日	視線が合う			表情の豊かさ			リラックス度		
	①	②	③	①	②	③	①	②	③

お風呂の歌に合わせておこないます。子どもの手足の指先（末梢）から心臓（中枢）のほうへ向けて大人の手でやさしくマッサージをします。マッサージは手腕、足脚とも右側からはじめます。歌が１曲流れている間に右手腕をマッサージ、歌が１曲流れている間に左手腕をマッサージという具合にゆっくり丁寧にタッチングケアしてください。

　大人が両脚を広げて座り、子どもは真向かいに座り、大人の両脚にガードされます。

　１回目：手・腕、２回目：足・脚

　❶大人（お母さん）の手　❷タオル　❸ハケ　❹竹ころがし　❺お豆の風呂

　❶〜❸は上記の説明に従っておこないます。

　❹は子どもの手のひらや甲に竹を当てて転がします。次に子どもの足の裏や足の甲に竹を当てて転がします。

　❺子どもの身体が入って座れるくらいのスペースにタライかボックスを用意してください。その中に豆を入れて子どもが入ります。そして、手、腕・足、脚に豆を擦りつけて触覚刺激を与えます。

　乳幼児は視覚・聴覚などと同様に触覚から多くのことを学びます。触覚は発達に欠かせない感覚機能の１つです。末梢から中枢へ向けて大人の温かい手によるやさしいマッサージで皮膚刺激をします。徐々に刺激のある物も取り入れてアプローチしていきます。

　＊竹は市販されている竹輪くらいの長さと太さの物を使用。
　＊裸足でおこなう。
　＊お豆を口や鼻の穴に入れないように注意する。

❶手　❷タオル

●手腕
1. 向かい合い、子どもの右手首を大人が左手親指と人差し指でやさしく握る。
2. 大人の右手のひらで子どもの指先を起点に、手の甲から肩に向けてなでる。
3. 大人の右手のひらで子どもの指先を起点に、手のひらから脇に向けてなでる。

＊子どもの左手腕も同じようにおこなう（大人の手はやりやすい位置でおこなう）。

●足脚
1. 向かい合い、子どもの右足首を大人が左手親指と人差し指でやさしく握る。
2. 大人の右手のひらで子どもの足先を起点に、足の甲から膝、股に向けてなでる。
3. 大人の右手のひらで子どもの足先を起点に、足の裏から脚の側面、腰に向けてなでる。

＊子どもの左足脚も同じようにおこなう（大人の手はやりやすい位置でおこなう）。

❷タオル　❸ハケ

＊保持およびなでる方法は大人の手でおこなう場合と同じです。タオルやハケを肌に当ててさする。手腕・足脚をします。

❹竹ころがし

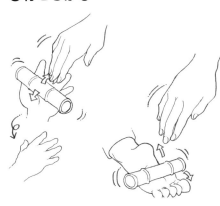

●手のひら・手の甲
1．向かい合い、子どもの右手首を大人が左手親指と人差し指でやさしく握る。
2．子どもの手のひらに竹をのせて、大人の手のひらではさんで上下にころがす。
3．子どもの手の甲に竹をのせて、大人の手のひらではさんで上下にころがす。

●足の裏・足の甲
1．向かい合い、子どもの右足首を大人が左手親指と人差し指でやさしく握る。
2．子どもの足の裏に竹をのせて、大人の手のひらではさんで上下にころがす。
3．子どもの足の甲に竹をのせて、大人の手のひらではさんで上下にころがす。

❺お豆の風呂

1．大人は両手で豆をすくって、子どもの手をはさんでこする。
2．大人は両手で豆をすくって、子どもの足をはさんでこする。
3．大人は両手で豆をすくって、子どもの腕をはさんでこする。
4．大人は両手で豆をすくって、子どもの脚をはさんでこする。

♪
お風呂に入って　体を洗おう　じゃぶじゃぶじゃぶ〜（4◎）
まあ　きれいになっちゃって　ピカピカ　ごしごしごし〜（4◎）
お風呂に入って　体を洗おう　じゃぶじゃぶじゃぶ〜（4◎）
まあ　きれいになっちゃって　ピカピカ

●チェック項目3-1

（左右の手・腕のマッサージで1回分のチェックをします）

月／日	視線が合う				
	①	②	③	④	⑤

月／日	表情の豊かさ				
	①	②	③	④	⑤

月／日	リラックス度				
	①	②	③	④	⑤

●チェック項目3-2

（左右の足・脚のマッサージで1回分のチェックをします）

月／日	視線が合う				
	①	②	③	④	⑤

月／日	表情の豊かさ				
	①	②	③	④	⑤

月／日	リラックス度				
	①	②	③	④	⑤

4 りんりんりん

●●●●●●●●●●●●● **CD 4**

　子どもを仰向けに寝かせ、大人が子どもの両足首を握り、歌に合わせて自転車こぎのように足を交互に屈伸します。2つの方法があります。子どものやりたい姿勢でおこなってください。2回します。

　いずれの方法においても、大人が子どもの足を屈伸させようとすると、力が入って突っ張り、ぎこちない動きになる子どもがいます。身体の緊張をほぐし、ゆったりできるように導いてあげましょう。最初から視線を合わせられる子どもは、大人のペースに合わせて、ゆっくり自分で足を動かしてくれます。

●子どもが主導：大人は立ったまま子どもの両足首を軽く握る。あまり力を加えずに、膝を曲げたり、伸ばしたりを交互に繰り返す。

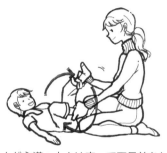

●大人が主導：大人は座って両足首をしっかり握る。少し力を加えて、おなかにくっつくぐらいまで膝を曲げたり、伸ばしたりを交互に繰り返す。

♪ リンリンリンリンリンリリーン　リンリンリンリンリンリリーン
　　リンリンリンリンリーン　じてんしゃさーん

●チェック項目4

月／日	視線が合う		表情の豊かさ		リラックス度	
	①	②	①	②	①	②

5　すべり台

　大人が高めの椅子などに座り、子どもを背面抱きにして、大腿部の上にのせ、子どもの両脇を支えて、大人の大腿部、膝から足首までをすべり台に見立てて、すべり台の歌に合わせて子どもを滑らせます。

　子どもの状態に合わせておこないます。自分から滑ろうとする子には、両肩を軽く押します。自分からあまり滑らない子には、大人が子どもの膝の裏を抱える形で大人の補助による動きで滑らせます。2回します。

　＊1回目が終わったら、一旦、子どもを解放します。そして、大人が「すべり台するよ」と言葉かけして手招きします。「視線が合う」の項目のチェックでは誘う時に様子を見ます。繰り返し子どもがすべり台をやりたがれば滑らせてください。その時に視線が合えば2回目のところにも○を記入してください。

　この課題は背面抱きでおこないます。対面抱きを嫌がる子どもも母親の視線を気にすることなく、わりとリラックスして応じられます。

●両脇を抱え、大腿部に座らせる。

●少々前かがみになり、子どもの身体を足首
あたりまで滑らせて降ろす。

♪ おすべり　しゅるしゅるしゅるとん　　おすべり　しゅるしゅるしゅるとん
しゅるしゅるとん　　しゅるしゅるとん　きもちが　いいなぁー

●チェック項目5

月／日	視線が合う		表情の豊かさ		リラックス度	
	①	②	①	②	①	②

自己認知と前庭感覚遊び

　生きていくためには、いろいろな相手と接する必要があることを子どもたちは学んでいきます。まずは身近な大人と子どもが心身ともに密着しながら、お互いの表情を意識できるまなざしを確認し合います。

6　コアラのマーチ

　大人は立って子どもを縦抱きで対面に抱き上げます。そして、大人の両方の手のひらで子どものお尻を軽く支えます。上下に揺らしながらピョンピョンと跳ねて前進します。2回します。

　大人は子どもの身体を完全に縦抱きに保持する状態で上下に揺らしながら前進し、子どもの抱きつく力の入り具合もしっかり感じ取るようにします。子どもの感情の高まりを誘発します。

　子どもの抱きつく力が弱い場合は、大人は子どものお尻を両手で支えるのではなく、両腕で子どもの両腰から肩にかけて、しっかり抱いてください。

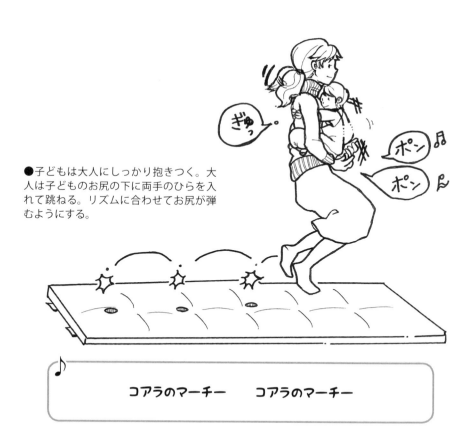

●子どもは大人にしっかり抱きつく。大人は子どものお尻の下に両手のひらを入れて跳ねる。リズムに合わせてお尻が弾むようにする。

コアラのマーチー　　コアラのマーチー

●チェック項目6

月／日	視線が合う		表情の豊かさ		リラックス度		抱きつく力	
	①	②	①	②	①	②	①	②

＊チェックの方法
大人がしっかり子どもの身体を抱いて保持をしなくても、子どものほうから抱きついていれば○を記入します。

7　すわろう

「かわいい○○ちゃんがやってきて　おかあさん（先生）のお膝に
すわろうね　すわろう」と歌います。その歌に合わせて子どもが大人
の大腿部、膝に座ることができるかを見ます。自己認知（自分の名前
を理解し、行動に移す）の課題です。2回します。

＊大人は子どもから離れた位置から、歌による指示をします。子どもの意思で、接
　近行動を求めるかを見ます。
＊5回歌っても、子どもが大人の所に来ない時には抱き寄せてあげます。
＊距離は50cmからはじめ、できるに従って50cmずつ長くしていき、最長3mと
　します。

●手拍子をしながら、子どもの名　●両腕を広げて子どもを迎え　●子どもが膝に座ったら、
前を歌詞に入れて歌う。　　　　　る。　　　　　　　　　　　ぎゅっと抱きしめる。

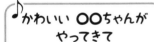

♪かわいい ○○ちゃんが
　　やってきて

♪おかあさんのお膝に
　すわろうね

♪
　すわろう

●チェック項目7

月／日	視線が合う		表情の豊かさ		リラックス度	
	①	②	①	②	①	②
/						

月／日	自分で座る		回数		距離	
	①	②	①	②	①	②
/						

8 こちょこちょしましょう！

CD 8

　「こちょこちょしましょう　こちょこちょしましょう　いち・にの・さんで○○ちゃん（おかあさん）大好き」と歌いながら、お母さん（先生）の大腿部、膝の上で対面抱きされて、くすぐられると子どもが声を出して笑えるように誘導します。

　＊1回目は子どもの名前を入れて歌います。
　＊2回目は「お母さん（先生）大好き」と歌います。
　＊歌に合わせて「お母さん大好き」を言うように促します。
　＊2回目は大人もくすぐりますが、子どもにも大人をくすぐるように促します。
　　対面抱きの保持による触覚刺激に対する触覚防衛反応を捉えます。
　＊こちょこちょしましょう！（作詞・曲：秋田克英）

●膝の上でこちょこちょとくすぐる。子どもが膝から落ちないように軽く保持しながらおこなう。

♪　こちょこちょしましょう
　　こちょこちょしましょう
　　いち・にの・さんで
　　おかあさん（○○ちゃん）
　　　　大好き

●チェック項目8

月／日	視線が合う		表情の豊かさ		リラックス度	
	①	②	①	②	①	②

9　いないないばぁ

　「いないないばぁ遊び」は乳幼児が親子で最も楽しく遊べて、子どもの笑い声と笑顔を誘い出し、親にとってもわが子を一層、かわいく思えるひとときを過ごすことができます。

　大人の大腿部、膝の上で対面抱き、もしくは、大人の膝と子どもの膝をくっつけて座ります。子どもに目の前でミニタオルを使って「いないないばぁ」をして大人の顔に注視させます。「いないないばぁ」の歌を歌って楽しく導入します。また、大人が大げさにびっくりした感じでおどけて笑いながら子どもを覗き込むようにすると子どもは喜んで応じてくれます。

　落ち着きのない子どもには部屋のコーナー側に大人が背になり、子どもと向かい合うといいでしょう。3回します。但し、子どもが何度もやりたがれば、飽きるまでしてもかまいません。

　子どもが大人のほうを見たら、頬ずりして頭をなでて、「○○ちゃん、お母さんを見てくれてありがとう。○○ちゃん大好きよ」と笑顔で必ずほめてあげましょう。

＊子どもが自分でミニタオルを持ちたい時には子どもにさせてあげてください。
＊ミニタオルから顔をのぞかせるところは上下左右に場所を変えると楽しくできます。
＊ミニタオルなどの身近な物を用いて、子どもが物を媒介とした意識・注視行動ができるかを見ましょう。もし、子どもがミニタオルを嫌がる場合は大人の手のひらでしましょう。

●子どもの顔か大人の顔をミニタオルで隠す。　●「ばー」に合わせてミニタオルをはずし、笑顔で見つめ合う。

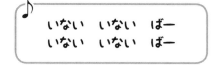

♪ いない　いない　ばー
　　いない　いない　ばー

♪ いない　いない　ばー　で
　　あーそーぼー

　「いないないばぁ」を１回歌って、この課題に取り組んでも注視行動がなかなかできない子どもにはお菓子の強化子（ごほうび）を用いることも１つの方法です。その際は必ず、子どもの好きなお菓子で、食べ過ぎないように一口サイズにします。

１回歌い終わった時にお母さんの目の近くにお菓子を提示して、視線を合わせてくれたら、ご褒美として子どもにあげてください。

●チェック項目9

月／日	視線が合う			表情の豊かさ			リラックス度		
	①	②	③	①	②	③	①	②	③

＊視線合うは歌を歌い、「ばー」のところでミニタオルや手のひらを除けた時、大人の目を見れば○を記入します。

10　ギッコンバッタン

CD 10

　大人は仰向けで横になります。子どもを自分のおなかの上にのせ、膝から大腿部に子どもの背をもたせかけます。そして、子どもの両脇をしっかり支えます。シーソーのように反動をつけダイナミックに、（大人は腹筋運動のように仰向けと起き上がりを繰り返す）子どもは前後に揺れることによって、大好きなお母さんの顔を見つめる位置に顔がくるようにします。２回します。

　子どもは完全に大人の身体に身を委ね、保持されておこないます。反り返りの強い子どもは緊張が激しいので、視線を合わせる余裕がありませんから、大人が子どもの顔を覗き込むようにおこないます。その場合には大人の仰向け、起き上がりはゆっくり軽くしてあげましょう。

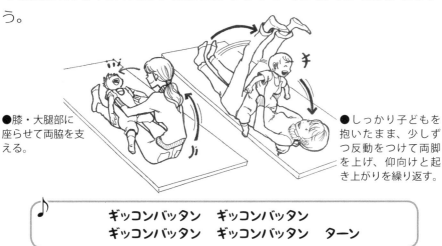

●膝・大腿部に座らせて両脇を支える。

●しっかり子どもを抱いたまま、少しずつ反動をつけて両脚を上げ、仰向けと起き上がりを繰り返す。

♪
ギッコンバッタン　ギッコンバッタン
ギッコンバッタン　ギッコンバッタン　ターン

●チェック項目 10

月／日	視線が合う		表情の豊かさ		リラックス度	
	①	②	①	②	①	②

前庭感覚遊び・三項関係遊び

　子どもと大人がお互いのまなざしを意識しながら、身体をしっかりと保持した状態から徐々に自分で身体の前庭感覚を養う揺さぶり遊びを通して、バランスのコントロール力を身につけます。子どもの好きなボールを媒介として、少し距離感をもったコミュニケーションの取り方を身につけていきます。子どもと一緒に身体を動かしながら、子どもには少しずつ視野を広げられるように促していきます。

11 ひっぱれグィ！ ・・・・・・・・・・・・

　「ひっぱれグィひっぱれグィおかあさんとにらめっこ」「ひっぱれグィひっぱれグィ○○ちゃんとにらめっこ」と子どもの名前を入れて歌います。大人に対面抱きされて、あるいは大人の膝と子どもの膝をくっつけて向かい合って座ります。3回します。

　ミニタオルの隅をお互いに噛んで引っ張りごっこをします。タオルを噛むのを嫌がる場合には無理にさせないようにしましょう。一応、子どもの唇にタオルを触れさせ噛ませるように試みてください。それでも、嫌がるようであれば、無理にさせず、大人のみがタオルの隅を噛んで、もう一方のタオルの隅は子どもの手に握らせます。うまく握れない時には、子どもの手を持って一緒に引っ張るようにします。

　噛む力をつけることは視力の発達にもつながり、集中力も養われます。そのために顔と顔をくっつけた 10cm 以内の接近が望ましいです。しっかり噛める子どもは真剣に視線が合わせやすいです。

　＊大人の顔の見える位置でしてください。
　＊歌いながらするのがやりにくい場合は、音楽を流しながらしましょう。
　＊自分自身や他者の身体を突然、パニックによって噛んでしまう自傷行為・他傷行

為を起こす子どもを見かけます。そんな時の対処策としても、「ひっぱれグィ！」は適した課題です。

＊「タオルなら噛んでいいよ」と言って、親子での真剣勝負をします。そして、子どもがしっかり噛んで引っ張ってくれたら、大人は自分の噛んでいるタオルを口から離して、子どもに勝たせてあげます。「〇〇ちゃんはとても強いね」と励まします。

＊大人がタオルを急に口から離したりして、子どもが勢いよく後ろに倒れて後頭部を打たないように注意してください。

＊子どもの自負心も育つような環境設定をして、気分転換の機会を提供します。それによって、子どものストレスを解消させて、気持ちの和らぐ方向に導きます。

●お互いにタオルの隅を噛み、見つめ合ったまま引っ張る。

●子どもは手でタオルを握り、大人はタオルを噛んだ状態で互いに引っ張る。

♪
ひっぱれグィー　　ひっぱれグィー
おかあさん（〇〇ちゃん）と　にらめっこ

●チェック項目11

月／日	しっかり噛み引っ張る			噛みが弱い			自分で握る			一緒に握る		
	①	②	③	①	②	③	①	②	③	①	②	③

月／日	視線が合う			表情の豊かさ			リラックス度		
	①	②	③	①	②	③	①	②	③

大人は仰向けで両方の手のひらと両方の足の裏を床につけ、子どもをおなかの上に座らせます。そして、大人は自分のおなかをトランポリンのように上下左右に揺さぶります。子どもが自分でバランスが取れるように優しく揺らします。子どもが発声しやすいように、リラックスした感じで歌い、無理にパパ・ママと言わせることは絶対にしないようにしましょう。２回します。

　大人は子どもをまったく保持しないので、何をするのかを事前に知らせます。モデルに人形などを用いて見せても良いです。まずは、大人が自分のおなかに子どもを座らせますが、子ども自身の座ろうとする意思が必要となります。上下左右に揺れだすと逃げてしまう子どもは少なく、どうにかバランスを取ろうとします。前庭感覚に刺激を与えることで声が出やすい状態に導きます。この課題は子どもが自分の身体が揺れることによって楽しくリラックスできることから自然と声を出しやすくなり、パパとかママなどの簡単な言葉で表現できる環境設定ともなり、言語課題として捉えています。

●大人は床に手のひらと足の裏をつけて子どもをおなかにのせ、上下左右におなかを揺らす。子どもはバランスよく座って揺すられる。

♪ パパパパパパ　パパパパパパ〜　今度の休みは遊園地
ゴーゴーブー　ゴーゴーブー　一緒に乗ろうねゴーカート
うちのパパは〜　うちのパパは〜　世界中で一番
すてきなすてきな○○くんのお父さん

＊お母さんとする時には「ママ」を入れて（素敵な→やさしい、お父さん→お母さんに替えて）歌ってください。

●チェック項目12

月／日	視線が合う		表情の豊かさ		リラックス度		パパ・ママの音声模倣	
	①	②	③	①	②	③	①	②

13 ぶらんこ ・・・・・・・・・・・・・ CD 13

　大人が立った姿勢で子どもを横向き縦抱きに近い状態にします。子どもをぶらんこのように、「ぶらんこはゆかいだな」の歌に合わせ、大人は子どもの顔をのぞき込むような感じで揺らします。2回します。

　横向き縦抱きに近い状態にすると身体に力が入って、反り返る子どももがいます。揺らしながら笑顔でのぞき込むと徐々にリラックスして身を委ねはじめます。前庭感覚に程よい刺激を与えます。

●横向き縦抱きに近い姿勢で上下に揺らす。　●笑顔で子どもの顔をのぞき込みながら揺らす。

♪
| ぶらんこはゆかいだな　きもちがいいなぁ　えがおもゆれている　こころもはずむ |
| ぶらんこはゆかいだな　きもちがいいなぁ　えがおもゆれている　こころもはずむ |

●チェック項目 13

月／日	視線が合う		表情の豊かさ		リラックス度	
	①	②	①	②	①	②

14　ボールころころ

　子どもは大人と向かい合ってボールを転がし合います。投げあいっこでもいいですが、できるだけ転がすことで、子どもが目で追うことができるようにしましょう。廊下のような間隔の狭い所ですると良いでしょう。子どもがボールをお母さんに向けてうまく転がすことがむずかしい場合は兄弟あるいは父親にも協力してもらい、両脇の下から両肘を支えて一緒にボールを転がして、お母さんのほうに返すようにします。協力が得られない時は、等身大の鏡を置いて、大人が子どもの背面に回って一緒に鏡に向かい、ボールを転がし当てて戻ってくるようにしてみます。この場合は鏡のほうに視線がいっていれば、「視線が合う」は○となります。5回します。

　投げ返したり、転がしたりせずに直接、お母さんに手渡す場合もほめてあげましょう。大人は必ず子どもにボールを転がしてあげて、「お母さんにボールをころがしてね」と言葉かけをしてみましょう。

　運動機能のプログラムですが、言葉の理解言語の発達に関連のある三項関係につながる課題でもあります（22～23ページ参照）。

＊距離は50cmからはじめ、できるにしたがって50cmずつ長くし最長3mとします。
＊子どもの好きなボールを媒介とした、こうしたやりとり遊びではお互いの身体が触れ合う直接のタッチングはないものの、コミュニケーションをとるのに最も重要なつながりがあります。

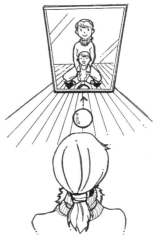

●子どもと50cm離れて向かい合いボールを転がし合う。
補助を必要とする場合は、もう1人の大人が子どもの後
ろから両脇の下を支える。

> ボールころころこーろころ
> ボールころころこーろころ
> まあるいー　ボールがー　こーろころ

●子どもの両脇の下から両腕を保持
しながら、等身大の鏡に向けてボー
ルを転がす。鏡に当たって戻ってく
るボールを親子で受け取る。同じ動
作を繰り返す。

●チェック項目 14

月／日	受ける					相手に転がす				
	①	②	③	④	⑤	①	②	③	④	⑤

月／日	直接手渡す				
	①	②	③	④	⑤

＊上記の3項目は該当する所に○をつけてください。

月／日	視線が合う					距離				
	①	②	③	④	⑤	①	②	③	④	⑤
						m	m	m	m	m

月／日	表情の豊かさ					リラックス度				
	①	②	③	④	⑤	①	②	③	④	⑤

15 おさんぽ

　大人は子どもと手をつないで並んで一周り（おさんぽの曲を1曲歌う間）を一緒に歩きます。1曲歌い終わったら、子どもとつなぐ手を左から右に替えて、反対周りをします。

　移動しながら、子どもがどの程度、お母さんの手を握り、しかも、楽しく母親を意識しながら行動できるかを子どもの表情を見て確かめましょう。子どもからの右手と左手の握り具合も確認します。

●子どものほうから手をつなぐように求める。子どもの表情を見ながら歩く。

> ♪ 〇〇ちゃんが　おさんぽしてた　おかあさんと　おさんぽしてた
> お手てを　つないでゆこう　にこにこ　さんぽ　さんぽ
> おかあさんと　さんぽは　うれしいな

●チェック項目15

月／日	子から手をつなぐ		大人が子の手を握る	
／	左	右	左	右
月／日	視線が合う		表情の豊かさ	
／	左	右	左	右
月／日	歩く		リラックス度	
／	左	右	左	右

2人の大人と楽しみ
運動機能を高める

　子どもは母親との関係において愛着の絆が親密に結ばれ、徐々に母子分離もスムーズになる段階となります。母子の間に介入する父親の存在を意識しだします。そのことから、もう1人の大人にも参加してもらう課題になります。2人の大人に補助されながらも子どもは少しずつ自分の力で身体をコントロールして保持したり、リズムに合わせて運動発達を促す課題があります。

　また、子どもの運動発達にとって欠かせない力の源は食生活です。口腔機能と音声機能の表出言語発達は同時期にあり、食べ物が運動機能の基礎を作り上げます。現代の食環境は味覚の発達においても幼児にとって良い環境とは言えません。食事は情緒の発達にも密接に関係しています。その点では偏食指導も重要になります。

大人は子どもと向かい合って、子どもの両手首もしくは両腕をしっかり握り（または子どもから大人の両手首または両腕を握り）、あやつり人形のように右腕・左腕を交互に持ち上げて揺らし、お互いに顔を見合わせます。日頃から、お父さんの腕にぶら下がる遊びを取り入れてください。

　この課題は大人にとっても、子どもにとっても難度の高いもので、子ども自身が身体を完全に親に委ねる意思がなければなりません。固有感覚やラテラリティー形成（左右認知）を促します。

　人間の身体の外形体は、正中線を中心としてほぼ左右対称に形成されているかのように見えますが、身体の左右感覚は、子どもの脳の働きや生育環境としつけによって決まってきます。左右対称の器官の機能が左側優位なのか、それとも右側優位なのかが成長とともに固まり、ほぼ４歳頃には利き手も確立されつつあると言われています。左右の違いを理解しはじめ、左右の名称をはっきり言えるのは４歳６カ月頃と言われています。

　一対一がむずかしい場合は大人２人で、子どもの左右の手を片方ずつしっかり握り保持します。子どもがぶら下がる足元にマットレスのようなクッションを置いて安全に気をつけて取り組んでください。２回します。鏡の前だと自分の姿が見えるため、子どもが安心しておこなうことができます。

●子どもの握る力が弱くて身体ごと持ち上げることがむずかしい場合は、大人がしゃがんで目を合わせながら、右腕と左腕を交互に上げる。

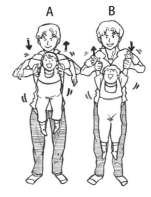

●背面抱きA：握る力の弱い子どもは両脇を支え、右上・左上に交互に持ち上げる。
背面抱きB：子どもの両手首を握り、右上・左上に交互に持ち上げる。
いずれも等身大の鏡を用いる。鏡を通して目が合えば、チェック項目の「視線合う」は○とする。

●大人2人でおこなう場合は、等身大の鏡の前で子どもと同じ方向を向いて立ち、片方ずつ手を保持して子どもの身体を左右交互に持ち上げる。「視線が合う」はどちらの大人と合っても○とする。

> ♪
> ぼくはピエロ
> みんなのゆめを
> かなえてあげるよー
> ○○ちゃんの
> おかあさんの
> おとうさんの
> みんなの　みんなのゆめを

●チェック項目16

月／日	子どもから握り、ぶらさがる		大人が保持		視線が合う	
	①	②	①	②	①	②

月／日	表情の豊かさ		リラックス度	
	①	②	①	②

17　うさぎさん

　子どもは2人の大人と関わります。母親の次に身近な父親に登場してもらいます。大人Aは両脚を広げて座り、子どもと両手をつなぎます。もう1人の大人Bは子どもの両脇を後ろから支えて抱きかかえます。子どもは大人Aと向かい合わせに立たせて大人Aの開いた両脚を順番に左・中央・（両脚の間）・右と、うさぎの歌に合わせて、ピョンピョン跳ねさせてあげます。

　対人関係において、いろんな役割の人間がいることを知り、他者を意識して遊ぶ、集団遊びの基礎を作ります。子どもは自分でも身体を動かすことによって、左右の違いについての理解を徐々に深めていきます。

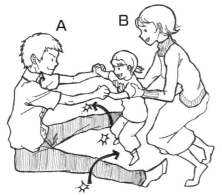

♪
うさぎ　はねるよー　うさぎ
ピョンピョンピョンピョーン
うさぎ　うさぎ
ピョンピョンピョン
ピョンピョンピョン
ピョンピョンピョン

●大人Aは両手をつなぐ。大人Bは両脇を支え、
左・中央・右へと跳ねるのを補助する。

●チェック項目 17

月／日	Aと視線合う		表情の豊かさ		リラックス度		自分から跳ねる	
	①	②	③	①	②	③	①	②

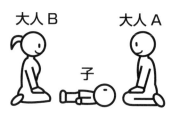

　子どもは２人の大人と関わります。子どもは仰向けになります。大人Aは子どもの顔の上からのぞき込むようにして、子どもの後頭部と首の後ろを両手でやさしく包み込み保持します。歌に合わせながら、ゆっくりと左右に首を動かします。首に緊張が見られる時には、無理に動かさないようにしましょう。動ける範囲に留めます。次に大人Aは子どもと両手をつなぎ両腕を両サイドに広げるような感じでゆっくり回します。大人Bは子どもの足元に座り、子どもの両足首を軽く保持します。そして、両足をまっすぐにした状態で左脚と右脚を交互に上げ下げします。歌の内容に合わせて動作を導きます。

　子どもがリラックスして身体のすべてを大人２人に委ねられる状態か、それとも身体の中で一番重要な脳を支える首に強い緊張がある状態か、見極めることが大切です。後者の場合は、肩代わり法（テイク・オーバー）を試みてもいいでしょう。

■肩代わり法　＊ハコミセラピー

　私たちの情報源は視覚が80%を占め、目の疲れから肩が凝り、人間の活動の司令塔である脳を支える首は常に悲鳴を上げている状態です。そのことから、後頭部から首そして肩にかけての部位に筋肉の過緊張が見られる人が多くなっています。

　子どもにも首周辺に緊張が見られる子が増えています。それは子どもも人との関わりの中でストレスが溜まる環境に置かれているからです。肩代わり法とは子どもの日頃のがんばりの一部を取り除いてあげて、物事に対してもっと楽にしてあげるための援助なのです。

　大人が子どもの後頭部と首の後ろを優しく包み込むように両手で支

えて保持します。そのことによって、子ども自身が抱えている悩み、つまり心は身体とつながっていますから、緊張をほぐす方向に導いてあげるのです。リラックスの機会を提供することで、力まずに自然に呼吸ができる解放感を味わってもらうのです。この課題はさらに養育者と子どもとの信頼関係を築き上げるものです。

　実際この課題に取り組もうとした時、子どもの首周辺に緊張が見られ、自分の身体のすべてを大人に委ねられないことが感じ取れた場合には、「水遊び」のプログラムには入らず、1人の大人が子どもの後頭部と首をやさしく包み込むように保持し、もう1人は両足首を軽く保持し、次のような言葉かけをしてあげましょう。

　たとえば、「～ちゃんは保育園でいっぱいがんばっているよね」「そんなにがんばらなくていいんだよ」「いつも、応援しているからね」と、子どもが日頃の集団保育における他児や先生との関係で感じているプレッシャーを受け止めてあげます。

　あるいは、「いっぱい、がまんしていることもあるんだよね」「自分の思うことはお話ししていいんだよ」「聞いてあげるね」と、親に心配をかけてはいけないと我慢していることなどを受け止めます。

　そして、「お母さんとお父さんが一緒に心も身体もほぐしてあげるからね」と水遊びの課題に誘導しましょう。

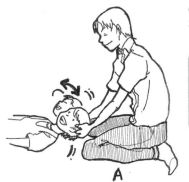

●大人Aは子どもの後頭部と首を支え、ゆっくりと左右に首を動かす。

♪　すいかのおばけが
　　すーいすい
　　ラッコのぼくちん
　　らーくらく

A

●大人Aは子どもと両手をつなぎ両腕を両サイドに広げるような
感じでゆっくり回す。歌の最後まで繰り返す。

♪
きもちがいいな　きもちがいいな
　　　　水しぶき

A

●大人Bは子どもの足元に座り、子どもの両足首を軽く保持する。
そして、両足をまっすぐにした状態で左脚と右脚を交互に上げ下
げする。

♪
ぱちゃぱちゃ　きゃーきゃー
ぱちゃぱちゃ　きゃーきゃー
　　　　水遊び

B

●チェック項目18

月／日	Aと視線が合う		表情の豊かさ	
	①	②	①	②
/				

月／日	リラックス度		首の緊張	
	①	②	①	②
/				

月／日	大人に委ねて両腕が動く		大人に委ねて両脚が動く	
	①	②	①	②
/				

19　なんでも食べる子

　なんでも食べる子に、Ａ：偏食指導とＢ：味覚認知の２つの課題があります。

　偏食とは単なる食べ物の好き嫌いを言うのではなく、栄養のバランスが不充分となり脳の働きにも影響を与えかねない偏りのある食生活をしている状態にあることを示します。たとえば、野菜をまったく摂取せず、たんぱく質の肉類と化学調味料含有の食品添加物を食べているようなケースを言います。

　Ａの偏食の課題：わが子に対して、母親だからできるんだと自信を持って、真剣に取り組みます。お母さんが諦めて偏食指導をやめてしまうと、子どもにとっては、かえってつらい気持ちが残るだけということになります。最後まで親子で励みましょう。子どもに、なぜ食べなければならないのかを、必ず、お話ししてからはじめるようにします。

　たとえば、「○○ちゃん、このピーマンを食べたら、○○ちゃんの身体が丈夫になって、楽しいことがいっぱいできるようになるよ」とか子どもの好きなアニメのキャラクターを登場させて「アンパンマンみたいに強くなれるよ」と言葉かけをします。お母さんは子どもに健康で丈夫な身体でいて欲しいという気持ちを「○○ちゃんのこと大好きだから、いつも応援しているんだよ」と、丁寧に説明してあげましょう。また、子どもが食べたくなるように子どもの好きな動物などの絵柄の盛り付けにする工夫もあると、視覚的にもおいしさを誘い食欲をそそることにつながります。

　偏食しなくなると、こだわりが減り、情緒面も落ち着き、社会性の発達（対人関係・規律性・協調性）が目立っていきます。

　子どもに食べてもらいたい物１品を爪先程度の量からはじめましょ

う。5回します。子どもにがんばってもらいますが、続けてする必要はありません。食事の時間内に1回がんばれたら、好きなおかずを食べてという具合に交互に進めましょう。

＊1つのメニューの中で子どもがどうしても食べられない物は1品のみにします。
＊その他の残りの内容は好きな物を中心にしてあげましょう。
＊チェック項目 19-2 にはメニュー名と味付けも記入します。

Bの味覚認知の課題：味覚認知とは味を判別できることを言います。味覚の発達が順調である状態はうま味、甘味、辛味、酸味、苦味を感じる舌の全域ととくに味を敏感に判別する上顎奥にある乳頭の中の味蕾が正常に働いていることを示します。しかし、最近は味覚異常の子どもが増えてきています。それは、味覚認知に至る前段階に味覚検知と言う領域に問題が生じているからということです。人が食べ物を食べると味を感じるのは、中枢神経に含まれる味覚神経が大脳皮質に行き、脳の視床を通過する時にさまざまな味のおいしさを感じ取ることからです。しかし、その場所に疾患があり、味覚検知において味のあることがわからない事態に陥っているのです。このように味覚の発達が不充分な子どもにはミニホットケーキにさまざまな味のある物をつけて、味覚を養います。

また、味覚認知の課題を進めるにあたっては、次のような方法に取り組んでみましょう。

・甘い・酸っぱい・辛いの味覚を各種調味料を少量用いて、ミニハケで、子どもの舌につけてなめさせます。必ず、「あまい・すっぱい・からい・にがい」と味の言葉かけをしましょう。

・過食気味で物をなめたり、よく噛んで食べるのが苦手で味覚の未発達な子どもには、フランスパンやするめなどの硬い物を噛む課題を取り入れてみましょう。

・励ましの「なんでも食べる子」を歌いながらすれば、楽しく誘導できます。

　・絵本『かお　かお　どんなかお』（柳原良平著、こぐま社）の絵本を見せながらおこなうと効果的です。

　・咀嚼、嚥下に関しては子どもの食欲にも配慮しましょう。

　大人に抱かれて励まされながら、苦手な食べ物の爪先程度の量を食べることができましたら、子どもの好きな物をご褒美として与えてあげましょう。そして、縦抱き（両腕・両脚をやさしく軽く保持）にしてがんばったことをねぎらってあげてください。

　ある保育園での給食時の出来事を紹介しましょう。私にとって初対面だった5歳児で少しコミュニケーションがうまくできない子どもでした。野菜がまったく食べられずに困っていました。私がその子の横に座って、食べられない野菜の名前を歌に入れて「なんでも食べる子」を歌って励ますと、なんと自分からスプーンですくって口に運び笑顔で食べ出したのです。すごいと拍手してほめてあげ、がんばって食べ終わるまでの間、ずっと歌い続けて応援をしました。保育園の先生はその光景を見て、初めて苦手な野菜を食べてくれたと、驚きつつ喜んでくださいました。

　食事の摂食内容が情緒の発達にいかに大きな影響を与えているかが、注目されています。偏食がなくなるにつれて、子どもの視野が広がり、情緒も安定し、少しずつ適切なコミュニケーション機能も身についていきます。

　＊注：味蕾の発達や味覚検知に問題を抱えている、自閉傾向、ADHD（注意欠如多動症）、LD（学習症）や、食物アレルギーで偏食のある子どもは、小児アレルギー専門医、耳鼻科医や管理栄養士などに必ず相談してください。偏食指導方法は避けたほうがいい場合もあります。

●横向き縦抱きで子どもの腰の当たりを軽く保持する。食べ物をつまんで口に入れる。

♪
お野菜食べる子　元気な子　おなかが「おいしい」って笑ってる
お肉を食べる子　元気な子　もりもり力が湧いてくる
なんでも食べる子　元気な子　お外でおもいっきり遊べるよ

＊おやつの時には、お菓子の名前を入れた歌詞にします。

●チェック項目 19-1　ご褒美のみ評価　　　お菓子の名前（　　　　）

月／日	名前を呼ばれると大人の膝に横向きで座る			
	①		②	
/				

月／日	お菓子を食べる		視線が合う	
	①	②	①	②
/				

月／日	表情の豊かさ		リラックス度	
	①	②	①	②
/				

●チェック項目 19-2

　どの課題にするのかをＡ：偏食指導　　Ｂ：味覚認知の記号に○印をつけ選んでください。　　子どもによっては課題は１つではなく並行しておこないます。

月/日	メニュー				A				B		
					ごほうび				具の名前・味付け		
/											

月/日	視線が合う					表情					リラックス度				
	①	②	③	④	⑤	①	②	③	④	⑤	①	②	③	④	⑤
/															

月/日	口に入れ、なめてすぐに出す					唇につける				
	①	②	③	④	⑤	①	②	③	④	⑤
/										

月/日	口に入れるがすぐに出す					噛んで食べる				
	①	②	③	④	⑤	①	②	③	④	⑤
/										

月/日	飲み込む					備考				
	①	②	③	④	⑤	①	②	③	④	⑤
/										

＊強化子（ご褒美の物）は子どもの好きな物で良いですが、一口サイズにしましょう。
＊栄養の点を考えて、豆グルトジュース（大豆・ブルーベリー入り）、大豆プロテイン（レシチン）、健脳クッキー（えび・カルシウム・ゴマ・植物系ミネラルなどを配合した手作りクッキー）をお勧めします（レシピ参照）。

手作り健脳クッキーのレシピ

●材料

- 薄力粉 ………………… 220g
- 卵 ……………………… 1個
- 三温糖 ………………… 110g
- マーガリン ……………… 55g
- ベーキングパウダー …… 少々
- 牛乳 …………………… 少々
- バニラオイル（バニラエッセンス
  でもよい）……………… 少々
- うち粉（強力粉、なければ薄力粉）
  …………………………… 少々

●健脳の材料

- プロテイン ……………… 200g
- カルシウム剤 ………… 20 粒
- 乾燥小エビ ……… 1袋50g
- ゴマ（粉状の物）…………50g
  （バニラ生地の場合）
- 植物系ミネラル原液 …… 5 cc
  （あれば使用）
- 牛乳 …………… 150 ～ 170cc

【クッキーの焼き方】

❶ マーガリンを常温にもどし、ハンドミキサーにかけ、白くふんわりしたら三温糖を加えてよく混ぜる。

❷ ❶に卵を加え、分離しないように手早く混ぜ、牛乳（少々）とバニラオイルを加える。

❸ よくふるった薄力粉とベーキングパウダーを❷に入れ、軽く混ぜ、まとまったらビニール袋に入れ2時間以上休ませる（1週間ぐらい休ませても大丈夫）。

❹ カルシウム剤と乾燥小エビをミルにかけ、パウダー状にしておく（フードプロセッサーにかけても良い）。

❺ 台にうち粉を打ち、❸に❹とプロテイン、ゴマ、植物系ミネラル原液を混ぜる。扱いにくいので、牛乳（150 ～ 170cc）を加減して手早くまとめる（バニラ生地）。

❻ ❺を麺棒で2～3mmの厚さに均一にのばして型で抜く。

❼ 130 ～ 150 度のオーブンで 15 ～ 18 分焼く（オーブンによって温度・時間を調整する）。

❽ 焼きあがったら調理用天板のまま冷やす。

　＊カルシウムやプロテインを入れると焦げやすいので、低温でやや長い時間で焼く。

　＊ココア生地の場合は、三温糖と牛乳は加えず、薄力粉を1割減らし、その分ココアを加えて220gにする。

20 ふわふわ風船

　子どもたちの大好きな風船を用います。2～3個の風船を膨らませて使います。手のひらで風船を弾ませて飛ばし合います。大人もリラックスした気持ちで、歌に合わせて子どものようにはしゃぎ、楽しく遊びます。

　子どもが楽しく身体を動かしているか、子どもの目の動きも観察しましょう。

　乳児期は「三項関係」（22～23ページ参照）が成立していく重要な発達段階にあると言われています。玩具や絵本などを通じて、「三項関係」を成立させながら、親子は対話し、子どもの成長が促されます。

　言語はとても大切なコミュニケーション機能です。まずは人との関係は一対一でコミュニケーションが成立されますが、1歳前後には物を媒介としたやりとり遊びに徐々に関心を持つようになってきます。その時に、視線と指さし機能（目と手の協応が自分と相手だけではなく、物にも参入され、二項関係から身近な養育者との子どもの一対一の関係から広がりが示され、三項関係へと発展していきます（「14のボールころころ」参照）。この段階は子ども自身の行動範囲が限られています。「20のふわふわ風船」では子どもの運動も活発になり、身体の動きも含めて三項関係において視野を広げる機会となり、粗大運動を伴う目と手の協応と相手を注視しながらの協働注意を通して共同遊びに結びついていきます。

●風船を子どもの前で弾ませて、子どもが風船にタッチできるようにする。子どもが大人に向けて風船を飛ばし返すように促し、やりとり遊びをおこなう。

♪
ふわふわ　ふわふわ　ふわふわふうせん
ふわふわ　ふわふわ　ふわふわふうせん
あかいの　きいろいの　あおいそらに　とんでゆけ！

●チェック項目20

月／日	視線が合う		表情の豊かさ	
	①	②	①	②

月／日	リラックス度		風船を追う	
	①	②	①	②

月／日	弾ませる	
	①	②

愛情の再確認・やりとり遊び・集中力を養う

身近な養育者と抱っこを通して愛情の再確認です。そして、子ども
は自己を認知し、やりとり遊びを交えた空間の場における触れ合いか
ら、徐々に自分の世界に飛び立つ準備をします。また、集中力を養い
１つの物事に取り組む大切さを学ぶ課題があります。つまり、注目す
る、模倣する、指示に従うという学習の前提条件でもある姿勢を育
み、身の回りのことは自分でおこなう生活の基礎づくりに励む課題を
取り入れています。

21 赤ちゃんになって

子どもをやや横抱きにして、赤ちゃんをあやす感じで歌います。

歌は２番まで歌い、２回します。

赤ちゃんのようになって親愛なる母親（養育者）に抱っこしてもら
い、大好きなお母さんに自分は本当に愛されているのだということを
子どもが再確認できる場を設定します。

子どもは横抱きに近い状態にすると自分の気持ちを吐き出しやすく
なります。日頃、笑顔で楽しそうな表情をしていても、何も困ったこと
はなく悩みなどまったくない感じでも、子どもには大好きな親に自分の
ことで心配をかけてはいけないという親思いのところがあるものです。
親には子どものそのような気持ちをキャッチできないことが多いため、
抱っこの課題を通してそれを実感してもらいたいと思っています。

子どもは赤ちゃんの時のようにあやされて、ゆったりとした気持ち
で弛緩します。もし、子どもの気持ちがうずいて、涙を流したり、泣
き出したら、「なにかつらいことを思い出しちゃったかな？　お母さ

んは○○ちゃんのこと大好きだから、抱っこしてお話を聴くからね」
と言葉かけをして、今までのつらい気持ちを受け止めて慰めてあげて
ください。できれば、子どもの身体がゆったりするまで、しっかり
抱っこしてあげましょう。最初のうちは抱っこするのに時間を長く必
要とするかもしれませんが、お母さんは子どもに自分が困ったことが
ある時には助けを求めて良いことを学ぶ機会を与えることなりますの
で、ぜひ、子どもが甘えたい時には受け止めてあげましょう。とくに
弟や妹が誕生して、淋しい思いをしている場合には、この課題を取り
入れて欲しいと思います。

●横抱きにして、子どもの顔を見つめる。歌に合わせて子ども
を支えている腕を左右交互に上げ、軽くリズムをつけて揺らす。

♪ 赤ちゃんになって　アブブブブブーバー
赤ちゃんになって　アブブブブブーバー
おかあさんの目が　やさしく　わらってる
1　おかあさんの　あたたかい　うでにだかれて
うれしいな　うれしいな
2　おかあさんの　むねは　やわらかくて
きもちがいいな　きもちがいいな

●チェック項目 21

月／日	視線が合う		表情の豊かさ		リラックス度	
	①	②	①	②	①	②
／						

下記の項目は該当するところに○を記入します。

月／日	泣く		涙		もがき反り返り	
	①	②	①	②	①	②
／						

22　テレビの中はだれかな

　鏡を通して自分の顔や姿を見ることによって、子ども自身で自分がだれであるかを意識づけるようにします。自己認知の課題であり、自分の名前を書く練習をおこないます。子どもの苗字ではなく名前の文字に取り組んでください。

❶鏡に向かって「ハハ・フフ」と親と一緒に息をかけ、親は自分の指で曇った鏡に子どもの名前の最初の字を言いながら、ひらがなで書きます。たとえば、「あい」という名前であれば、親は「あ」と言いながら、ひらがなの「あ」を書きます。

❷子どもの人差し指を保持して一緒に、「あ」という字をなぞります。

❸「い」を同じようにおこないます。子どもは親に手を添えてもらっていることで、応援されていることを感じ取り安心して学習に取り組めるようになります。そして、大人が鏡を見ながら「あ」と言い、子どもが鏡を通してその音声の口形模倣がしやすい環境設定にします。

　この課題は文字によるコミュニケーションや、たとえ補助を受けたとしても自分の意思で文字を表形する基礎づくり、文字を音声として表出することを学びます。

　＊鏡が曇らない時には保冷剤を用いて鏡を冷やします。

●お母さんの膝に背面抱きにされて座り、長方形の鏡をテレビに見立てて、一緒に鏡を見る。

●お母さん（大人）が「ハハ・フフ」と鏡に息をかけて、子どもも真似して音声を出すように促す。

●子どもの名前の最初の文字を大人が書き、文字を読みながら子どもの人差し指を軽く保持して、一緒になぞる。1文字ごとに鏡に息をかけ、曇らせた状態にして書く。大人が文字を読み、子どもはその口形を模倣して音声を出す。

♪
テレビのなかは　だれかな　　テレビのなかは　だれかな
テテテレビ　テレテルテレビー

＊子どもの名前文字の記録は、最初の2文字を親と一緒になぞった時に2枠の中に○を記入します。

●チェック項目 22

月／日	視線が合う		表情の豊かさ		リラックス度		自像に触れる	
	①	②	①	②	①	②	①	②

月／日	自像注視		真似して息をかける		親と一緒になぞる		口形模倣音声	
	①	②	①	②	①	②	①	②

23 ハイ！ つかまえた

　子どもが駆けるのを、大人は笑顔で歌いながら追いかけて、背後から捉えて軽く保持し、再び離します。同じように追いかけては捉えて、軽く保持することを繰り返します。

　子どもが駆けようとしない時は、背後からくすぐりを入れながら、コーナーに追いやってみます。5回します。身近な大人（母親）のいる所を安心基地としながら、少しずつ自分の世界にも広がりが持てるように、子どものペースに合わせて追いかけっこをします。

　このやりとり遊びを通してコミュニケーションを深めていきます。コチョコチョとくすぐりかけるようにしながら、追いかけてもいいです。

●歌に合わせながら、コチョコチョをするポーズで追いかける。子どもが大人を意識して振り返るかを見る。

●「はい、つかまえた！」のところで子どもの身体を後ろから軽く保持する。

●子どもを解放してあげてから、再度歌に合わせて追いかける。

♪
　　ちょっと　ちょっと　まって　ちょっと　まって
　　ちょっと　ちょっと　まって　ちょっと　まって
　　　　はしるの　はやいな　はやいな
　　おかあさんは　おいかけますよ　はい　つかまえた！

●チェック項目 23

月／日	視線が合う					表情の豊かさ				
	①	②	③	④	⑤	①	②	③	④	⑤
／										

月／日	リラックス度				
	①	②	③	④	⑤
／					

下記の項目は該当する所に○を記入します。

月／日	駆ける					人を意識しながら駆ける				
	①	②	③	④	⑤	①	②	③	④	⑤
／										

月／日	背後からの軽く保持してもらい喜ぶ				
	①	②	③	④	⑤
／					

24 輪を飾ろう

　この課題は指さし行動を身につけることで集中力を養うことを目的としています。そのことによって、子どもは言葉の言語理解を深め、学習する態勢を整えてゆきます。具体的には大人と子どもの腕に入る大きさの輪と大人と子どもの指に入る大きさの輪を使って課題に取り組みます。大人も子どももお互いに相手の手先のグーの形や人差し指とリングを意識し、手先のグーの腕や人差し指にリングが触れる感触も受け止めながら進めます。そして、お互いに相手の手先のグーの形や人差し指の位置が移動しても追視しながら、確実に相手の腕や指に入れていきます。

＊腕に入れる大きな輪は、手芸屋に売っている手さげカバン用の輪を用いるといいでしょう。
＊指に入れるリングは、大人の指にゆったり入るサイズが適当。カラー綴りひもで作ってみましょう。

❶大人は子どもの右腕の肘を机にのせてまっすぐにさせ、歌いながら、1個ずつ輪を5個入れる。

❷子どもは大人の右腕に、輪を1個ずつよく見て、歌に合わせながら5個入れる。

❸大人は子どもの左腕の肘を机にのせて
まっすぐにさせ、歌いながら、1個ずつ輪
を5個入れる。

❹子どもは大人の左腕に、輪を1個ずつよ
く見て、歌に合わせながら5個入れる。

❺大人は子どもに右手の人差し指をまっす
ぐ立たせて、歌いながら、1個ずつ輪を5
個入れる。

❻子どもは大人の右手の人差し指に1個ず
つよく見て、歌に合わせながら5個入れる。

❼大人は子どもに左手の人差し指をまっす
ぐ立たせて、歌いながら、1個ずつ輪を5
個入れる。

❽子どもは大人の左手の人差し指に1個ず
つよく見て、歌に合わせながら5個入れる。

♪
まるい　わをわを　きれいな　わをわを
おかあさん（〇〇ちゃん）のうで（ゆび）に　はめちゃって
きれいなわをわを　まるいわをわを
おかあさん（〇〇ちゃん）のうで（ゆび）に
きれいに　かざっちゃおう
ワォー

＊歌詞は1回ごとに歌います。

●チェック項目24

月／日	❶自分の右腕を注視入れてもらう	❷相手の右腕を注視入れる	❶❷視線が合う	表情の豊かさ
／				
月／日	❸自分の左腕を注視入れてもらう	❹相手の左腕を注視入れる	❸❹視線が合う	表情の豊かさ
／				
月／日	❺自分の右手人差し指を注視入れてもらう	❻相手の右手人差し指を注視入れる	❺❻視線が合う	表情の豊かさ
／				
月／日	❼自分の左手人差し指を注視入れてもらう	❽相手の左手人差し指を注視入れる	❼❽視線が合う	表情の豊かさ
／				

帽子をかぶる行為は、身辺自立の必須の課題ではありませんが、帽子は暑さや寒さ、頭部への衝撃や怪我から大切な脳を保護する機能を持っています。また、衛生面においては給食時に三角巾等を着用したり水泳をする時に水泳用のキャップをかぶったりすることで、プール内の汚れやばい菌予防になる場合もあります。また、集中して課題に取り組む方法として、ヘッドホーンを着用して聴覚入力を的確におこなう学習をすることも今後はあるかもしれません。

【A】　大人は膝立ちで子どもと向かい合い、子どもに帽子をかぶせ、麦わら帽子の歌に合わせながら、両手をつないで、腕を左右に揺らします。歌っている間は、帽子はかぶってもらいます。2回します。

♪
かぜにふかれて　とんでった
　〇〇ちゃんの　　ぼうし
　　むぎわらぼうし
　〇〇ちゃんのぼうし
かぜにふかれて　とんでった

●チェック項目 25a

月／日	視線が合う		表情の豊かさ		リラックス度		両手をつないでいる間帽子をかぶる	
	①	②	①	②	①	②	①	②

【B】　大人は子どもと膝をくっつけて、向かい合って座ります。両手をつなぎ、かっこいいなの歌を歌い、歌い終わったら、子どもの両手首を保持してパチパチと手のひらを 10 数えながら叩きます。 ２回します。

♪

	かっこいいな　かっこいいな　〇〇ちゃんのふくは　かっこいいな
	かっこいいな　かっこいいな　〇〇くんのくつは　　かっこいいな

＊ヘッドホーンやイヤーウォーマーがあれば、着用してみてください。
＊歌詞は「ふく・くつ」になっていますが、状況に合わせて歌詞を変えて歌ってください。

●チェック項目 25b

月／日	視線が合う		表情の豊かさ		リラックス度	
	①	②	①	②	①	②

第3章　親子で　ゆらゆら・ぎゅっぎゅっ体操

　この「ゆらゆら・ぎゅっぎゅっ体操」は、1997年、著者が主宰して設立した「発達支援なのはな子ども塾」で、知的な遅れを伴い言葉のない多動な自閉症のＡ君（当時中学３年）の情緒が少しでも安定し、落ち着いて学習に取り組めることを願って考案したものでした。

　Ａ君が泣いたり、物を口に入れたり、物を投げたり、動き回ったりパニックに陥ったりする行動に対して、子育てに熱心だった母親は常に厳しく叱ることで臨んだため、Ａ君はいつもストレスが溜まる状況でした。

　Ａ君の身体のほとんどの部位が緊張しており、とても身体が硬かったのを覚えています。このためＡ君に「ゆらゆら・ぎゅっぎゅっ体操」をおこなった当初は、順番に進めることはできず、可能な部位からはじめていました。

　この体操をはじめた次の週には、私が誘ってもいないのに部屋に入るなり、自分からマットを敷いて靴下を脱ぎ、静かに仰向けになって、体操を求めて待っていたのです。私はとても感動したことを鮮明に覚えています。わずか２回目にしてＡ君はこの体操が気持ち良く、リラックスできるものと感じたのでしょう。

　約２年が経過した頃には足の指から身体の上に向かって、最後には頭の部位までを順番に取り組めるようになりました。この体操が終わると、簡単なドリルや筆談の課題に10〜15分間は大人の補助を受けながら、落ち着いて集中して取り組めるようになったのです。

Ａ君は自分の気持ちを言葉で伝えることはできないのですが、「ゆらゆら・ぎゅっぎゅっ体操」を通しては心理的に落ち着くことができる、とても感受性の豊かな子どもであることを私は教えられたのです。彼から尊い学びをさせていただき、感謝の気持ちでいっぱいになりました。

　ぜひ、わが子に、ケアを必要とする子どもたちに、この体操を活用していただけたらと思います。

■体操をはじめる前に

　ゆらゆら・ぎゅっぎゅっ体操は親が子どもの気持ちに寄り添って、やさしく話しかけながら進めます。

　子どもは、母親に自分の身体を任せて、「ゆらゆら」と揺らしてもらったり、「ぎゅっぎゅっ」と身体をもんでもらいます。

　子どもは受動による快い触覚刺激を受けます。優しく言葉かけをし、それぞれの部位の機能もわかりやすく話しておこないます。

　「○○さんのこと大好きだから、今から体操をさせてね。とても気持ちが良いからね。お願いします」という言葉かけをしましょう。

■体操のあらまし

　体操は必ず身体の右側からはじめます。

　子どもの足の指を１本ずつ、自分の手の指でマッサージするところからはじめます。

　続いて５本指をまとめての屈伸をします。そして、少しずつ脚の上のほうに進んで、おなか、手の指、手のひら、腕、肩、首、頭へと、ゆらゆらぎゅっぎゅっをしながら進みます。

　最後に子どもの身体を丸ごと抱きしめて、「○○さん大好き」と言葉をかけて体操を終わります。

　私はこの体操をはじめる前には、子どもたちの心が少しでも和み、

緊張がほぐれるように、絵本『ぎゅっ』（ジェズ・オールバラ作・絵、徳間書店）を読み聞かせて楽しく導入するように心がけています。

■体操をしてもらう子ども

- 足の体操の時には、子どもの足をウェットティシュできれいに拭きます。
- マットレスなどに仰向けになります。
- 緊張の強い子どもには、順番どおりにはせず、子どもの姿勢に合わせておこないます。

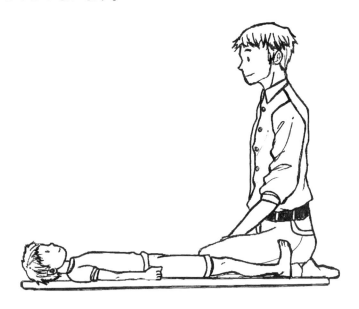

【注意事項】
　ゆらゆら・ぎゅっぎゅっ体操をおこなう目的の１つは、子ども自身に命を守ることを意識づけさせることにあります。この体操を通して、プライベートゾーンが自分の命を守る場所であることを理解させてください。
　性は人格であり、親子の関係においても本人の了解を得ない限りはプライベートゾーンは絶対に触れてはいけない領域であることを教えます。ゆらゆら・ぎゅっぎゅっ体操にはプライベートゾーンの部位はまったく触れることはありません。

足の体操

❶相手の足の親指の両側面を、自分の親指と人差し指ではさんで、優しくぎゅっぎゅっと摘まんでは、ゆるめての繰り返しを５、６回します。

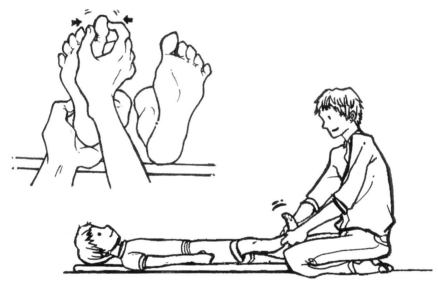

❷相手の足のお母さん指の前後を摘まんで、❶と同じようにします。

❸続いて、お兄さん指・お姉さん指・赤ちゃん指と、優しくぎゅっぎゅっと摘まんでは、ゆるめての繰り返しを５、６回します。

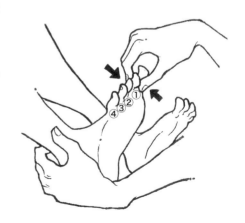

❹相手の右足の指全体を、手の
ひらでおおって、足の上側に向け
て、優しく曲げます。

「みぎさんの家族がこんにちは」
と言います。

それぞれの指の名前を言って、
「ぎゅっぎゅっぎゅっ」と声をか
けます。

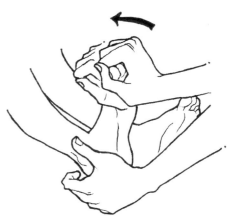

＊❶〜❸：足の指１本ずつは親指の両側面を丁寧に指先から指の付け根までを大人
の親指と人差し指で軽く摘まみ、ぎゅっぎゅっと強弱をつけながらマッサージしま
す。脳の前頭前野・鼻・脳幹・小脳、三叉神経（脳神経の中で最も大きな神経）へ
刺激を与えます。その他の指は甲側と掌側を挟んで上述のようにおこないます。
　第二・第三指は前頭前野・眼に、第四・第五指は前頭前野・耳に刺激を与えます。

❺次に左足も右足と同じように１つずつの指を進めます。そして、
左足全体を手のひらでおおって、足の上側に向けて、優しく曲げま
す。「ひだりさんの家族がこんにちは」と言います。

❻両足のかかとを合わせての足
の指全体を両手でカバーして、左
右に「ゆらゆらゆら」と言いなが
らします。

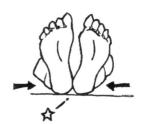

❼右足のふくらはぎを優しく
「ぎゅっぎゅっぎゅっ」ともみま
す。左足も同じように続けます。

　＊ふくらはぎ：歩行時に足を地面から離す直前に働いて、足の底屈（つま先を下へ
動かし、足の裏の方向に曲げるような運動）が起こるようになる。そして、最後に
地面に着地する時に、このふくらはぎの筋肉が収縮して足首の底屈を起こし、身体
を前に押し出す力の役割を果たしている。また、立位全身を支える役割を担う筋肉
がクッションのような形になっている。下半身に疲れが溜まっていると、マッサー
ジは気持ちよく感じる。

❽相手に両膝を立ててもらい、
両膝の上に両手を軽くカバーし
て、「お山がゆれます。ゆらゆら
ゆら」と言います。

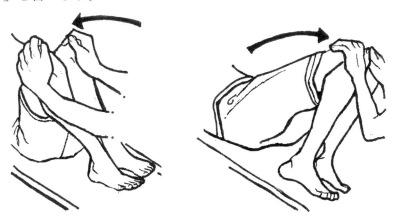

　＊両膝立てのゆらゆらは、両足裏を床に着地させていることで仰向けの状態でも、
心理的にも安定して、落ち着くようである。両膝を左右にゆっくり揺らすことによっ
て、内臓消化器官の調整をはかることができる。

2　おなかの体操

❶おなかの上に手のひらを優しくのせて、「おなかが膨らみます。ふくらんだ、ふくらんだ」と言って、手のひらをおなかの膨らみに合わせて、軽く持ち上げます。続いて、「おなかがへこみます。ヘッコンだヘッコンだ」と言いながら、軽くおなかを押さえてあげます。

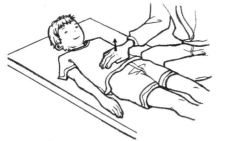 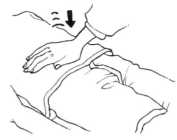

　＊子どもが上手に言葉に合わせて、おなかを膨らませたり、へこませることができなくても、おおげさに、「ふくらんだ、ヘッコンだ」と言ってあげます。腹式呼吸を促します。
　＊おへそは「大好きなお母さん」とつながっていた証です。この体操を通して、改めて自分の命は父親と母親の愛情によって育まれたものであることを知ります。おなかの体操によって、お互いが感謝の気持ちを感じる機会になればと思います。

❷おなかに手のひらを軽くのせて、左右に軽く「ゆらゆらゆら」と言って、さするようにして、ゆらしてあげます。

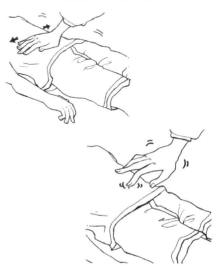

❸軽くおへその辺りを指で触れ、「ここにおへそがあります。このおへそは大好きなお母さんから生まれた印です」。そして、指でおへその辺りを丸く円を描くようにさすってあげます。

❶手の指のマッサージ（CD31　ゆびのかぞく）

　親指から順に人差し指、中指と指先から指の付け根まで「ぎゅっ
ぎゅっぎゅっ」ともみ歌いながら進め、親指・人差し指・中指の先だ
け１往復半（３回）をぎゅっと摘まんでもみます。

　次に薬指・小指を指先から付け根に向けてもんであげます。そし
て、５本の指を再び、１本ずつ指先のみ１往復繰り返し摘まんだりも
んだりします。最後に相手の手のひらを両手で包んで、軽くさすって
あげます（109ページ、楽譜「ゆびのかぞく」参照）。

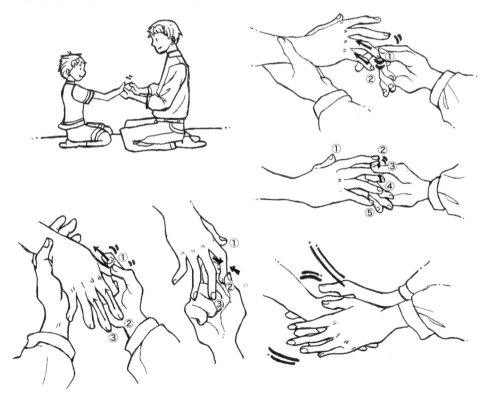

❶右の手のひらゆらゆら：相手の右手首のあたりを軽く右手で握り、相手の右肘のあたりを左手で軽く保持し「ゆらゆらゆら」と言いながら、右の手のひらをひらひらさせてあげます。

❷左の手のひらゆらゆら：右の手のひらと同じように、左の手のひらもします。

❸左右の手のひらゆらゆら：相手の両手の手首を軽く、自分の両手で握って、同時に回すような感じでゆらゆらさせます。

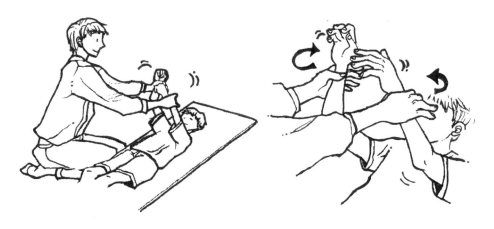

❹**右腕をゆらゆら**：相手の肘の
あたりを自分の両方の手のひらで
包み込むような感じで、「ゆらゆ
らゆら」と言いながら、相手の右
肘を回すようにゆらゆらさせま
す。

❺**左腕をゆらゆら**：右腕と同じ
ようにします。

❻**左右の腕ゆらゆら**：相手の右
肘を左手で、相手の左肘は右手で
軽く握りながら、同時に回すよう
な感じでゆらゆらさせます。

❼**右の肘から肩の中間あたりを
ぎゅっぎゅっ**：相手の右腕を自分
の両手指でつかむようにして、リ
ズムをつけて「ぎゅっぎゅっ」と
言いながら、もみます。

❽左の肘から肩の中間あたりを
ぎゅっぎゅっ：右腕と同じように
します。

❾両腕の肘から肩の中間あた
りをぎゅっぎゅっ：右手で左腕
を、左手は右腕を同時に「ぎゅっ
ぎゅっ」ともんであげます。

＊子どもが落ち着きのない行動を示す
場合は、お互いに向き合って目を見つ
め、❾の部位を軽くリズムよくもんで
あげると次第に落ち着いてきます。

5　肩と首と頭の体操

❶両肩のゆらゆら：相手の両肩
に自分の両手を軽くのせて、首よ
りの位置に親指を置きます。そし
て、親指で指圧するような感じで、
残りの指で両肩全体を支え左右に
揺らし、ゆらゆらさせます。

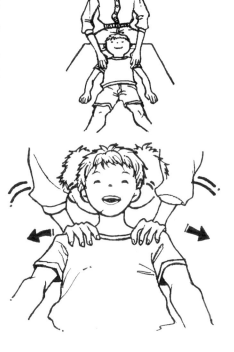

❷首をゆらゆら：相手の首の下を自分の両方の手のひらで、包み込むようにして支えます。そして、首をローラーのようにして、優しくさするような感じで、ゆらゆらさせます。「～さんの大事な頭を支えている首です」と言います。

❸おでこのぎゅっぎゅっ：相手のおでこ（前頭前野の位置）に両手の親指を置いて、ゆっくり優しく「ぎゅっぎゅっぎゅっ」と言いながら指圧します。そして、「ここは、いろいろなことを集中して考えて、心を大切に保つ働きをするところです」と言葉かけをします。

❹頭部の横をぎゅっぎゅっ：頭部の横、両耳の上あたりからこめかみ周辺（側頭葉の位置）に両手の親指を置いて、ゆっくり優しく「ぎゅっぎゅっぎゅっ」と言いながら指圧します。「ここは、大事なお話や楽しい音楽を聴いたりして、多くのことを学んで覚える働きをするところです」と言葉かけをします。

❺頭部の真上をぎゅっぎゅっ：頭部の真上（頭頂葉の位置）に両手の親指を置いて、ゆっくり優しく「ぎゅっぎゅっぎゅっ」と言いながら指圧します。「ここは、触る、臭う、味わう、身体を動かす時に感じるところで、自分の身体の位置や自分のした行動が正しかったかを調べる働きをするところです」

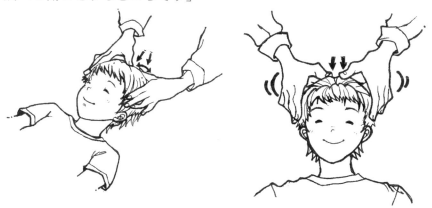

❻頭部の後ろをぎゅっぎゅっ：相手に起き上がって、少し軽くもたれて座ってもらい、頭部の後ろ（後頭葉の位置）に両手の親指を置いて、ゆっくりやさしく「ぎゅっぎゅっぎゅっ」と言いながら指圧します。

「ここは、目に見えた物が何であるかがわかり、きれいな花を見て美しいと感じたり、大好きなお父さんやお母さんの顔を見て、2人の違いや表情を見分ける働きをするところです」

❼起き上がってもらいます。お互いに向かい合って座ります。そして、最後に「あなたのことが大好きよ」と言いながら、身体を丸ごと「ぎゅっ」と抱きしめてあげます。

ゆびのかぞく

作詞・曲　松田ちから

第4章 親子でストレスを軽減する S-ACT（感情表現法）

S-ACT（感情表現法）のSはSmileです。ほほ笑み、笑顔の快を示しています。笑顔が沸き上がってくるためには、感情が循環しながら、うまく調整できていることが求められます。

感情を循環させるためには、ストレスによる心身の緊張をほぐすACT（行動）が必要になってきます。

ACTのAはAngryで怒ること。次のCはCryで泣き叫ぶこと。最後のTはTearで涙を流すことです。日々の生活で忙しくしていると自然な状態で、この3つの感情をうまく表出することは困難です。私たちには泣いて涙を流すという感情があり、ある人に慰められることで、辛さや悲しみが癒され、本来の元気な笑顔の姿に立ち戻る力が、私たちの心の中には備わっているのです。

このS-ACTは、自然に近い状態でこの3つの感情をうまく表出することができるワークで、子育てや仕事で溜まっているストレスを解消することができます。

■ S-ACT（感情表現法）のあらまし

「アッハ・プン・エンはどんな顔？」の歌を聴きながら、怒り、泣き叫び、涙による泣き、そして笑うという人が持つ感情のサイクルを、顔の表情や身体で自分の気持ちを表現します。

親のみでおこなうのもいいですが、4歳以上の子どもと一緒にゲーム感覚で取り組むと楽しいと思います。子どもから溢れ出たさまざ

な感情を言葉や筆談を通して、子どもの心の内面を受け止めるサポートをします。S-ACT（感情表現法）をすることで楽しい家族の絆が培われることにつながります。

1　鏡を使ってそれぞれの感情の顔を表現する

【準備する物】

- フェイス鏡
- 3つの感情の顔写真（怒っている・涙を流し泣く・笑っている表情）
- 怒りと泣きの写真はタイミングよく撮影することはできません。それぞれの感情を意識した表情になりますが、それでもかまいません。
- 「アッハ・プン・エンはどんな顔？」の歌を流しながらおこないます。
- 子どもには絵本：『かお　かお　どんなかお』（柳原良平作、こぐま社、1988年）を見せて誘導します。
- 子どもが自分で感情（怒る・涙を流して泣く・笑う）を書くことがむずかしい場合は大人が手を添えます。子どもにそれぞれの気持ちを説明しながら進めます。
- 大人が「顔のまねっこ遊びをしようね」と誘い、一緒に鏡の前で怒った顔、泣いた顔、笑った顔と表情を変え、それぞれの顔を鏡に映します。

●怒りの顔：２番のプンプンの歌／おこりんぼのうた

　鏡の左下に自分の怒っている顔写真を貼り付けます。

　鏡に指で怒っている内容を書きます。「いやだいやだ。頭にきた。イライラする。怒っているんだ。腹がたつ。バカヤロー」などを叫び、鏡に向かって怒ってください。

●泣き・涙の顔：３番のエンエンの歌／なみだのうた

　鏡の左下に自分の泣いている顔写真を貼り付けます。

　鏡に指で悲しさ・辛さなどの内容を書きます。

　泣き声：「エンエンエン」と大きな声で、「メソメソ」と小さな声で泣く感情を持ち、鏡を見つめます。

●笑う顔：１番のアッハハの歌／ほほ笑み体操のうた

　鏡の左下に自分の笑っている顔写真を貼り付けます。

　鏡に指でうれしい・楽しい・良かったことなどの内容を書きます。

　にっこり笑顔で、「あはは・うふふ」と言いながら、鏡に向かってほほ笑みます。

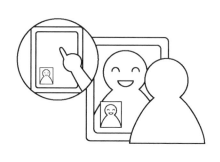

　＊子どもと一緒にする場合は膝の上に座らせて、鏡に向かって「まねっこ遊び」をします。

♪アッハ・プン・エンはどんな顔？　　（作詞・曲：松田ちから）

1　アッハ・プン・エンの顔を知ってるかい？
　　誰でもアッハ・プン・エンになるんだよ
　　アッハ・プン・エン　アッハ・プン・エン
　　アッハハハ・プンプンプン・エン
　　アッハ笑う　たのしいな　ルンルン笑顔　うれしいな
　　心うきうきはずむ　みんな心明るく　しあわせ
　　アッハ・プン・エン　アッハ・プン・エン
　　アッハハハ・プンプンプン・エン

2　アッハ・プン・エンの顔を知ってるかい？
　　誰でもアッハ・プン・エンになるんだよ
　　アッハ・プン・エン　アッハ・プン・エン
　　アッハハハ・プンプンプン・エン
　　プンプン怒る　気分が悪い　いらいら顔　怖い顔
　　心ジグザグ腹が立つ　みんな心暗く　不愉快
　　アッハ・プン・エン　アッハ・プン・エン
　　アッハハハ・プンプンプン・エン

3　アッハ・プン・エンの顔を知ってるかい？
　　誰でもアッハ・プン・エンになるんだよ
　　アッハ・プン・エン　アッハ・プン・エン
　　アッハハハ・プンプンプン・エン
　　エンエン泣く　さびしいな　ポロポロ涙　悲しいな
　　心メソメソしずむ　みんな心落ち込む　せつない
　　アッハ・プン・エン　アッハ・プン・エン
　　アッハハハ・プンプンプン・エン

4　アッハ・プン・エンは　おひさま微笑み

　　かみなりおこりんぼ　雨降り泣き虫

　　アッハ・プン・エン　アッハ・プン・エン

　　アッハハハ・プンプンプン・エン

　　雨降り　いつかは晴れる　いつも　気持ちを大切に

　　心なごやか　やさしく　みんな素敵な顔で　過ごそうよ

　　アッハ・プン・エン　アッハ・プン・エン

　　アッハハハ・プンプンプン・エン

　　アッハ・プン・エン　アッハ・プン・エン

　　アッハハハ・プンプンプン・エン

＊自分の気持ちを大切にしながら、相手を思いやる心を育てる、私たちみんなが持っ
ている感情を表現した歌です。
＊感情は天候に左右されることもあります。

♪おこりんぼのうた（母音の歌）（高橋愉作曲／松田ちから替え歌）

くやしいときには　さけぼうよ

いやだいやだ　いやだいやだ　やーやーやー

やーやー　やーやー　やーやーやーやー　やー　いやだー！

おにがおこった　おーおーおー　おこりんぼの　おーおーおー

おーおー　おーおー　おーおーおーおー　おー　おこった！

♪なみだのうた　　　　　　　　　　（松田ちから作詞・曲）

かなしくなると　おめめから　なみだが　ながれるの

つらくなると　　おめめから　なみだが　ながれるの

さぁ　さぁ　ないちゃおう　なみだながして　ないちゃおう

さぁ　さぁ　ないちゃおう　なみだながして　ないちゃおう

なぐさめられて　ないちゃって　すっきり！

【スタート】鏡の前でおこないます

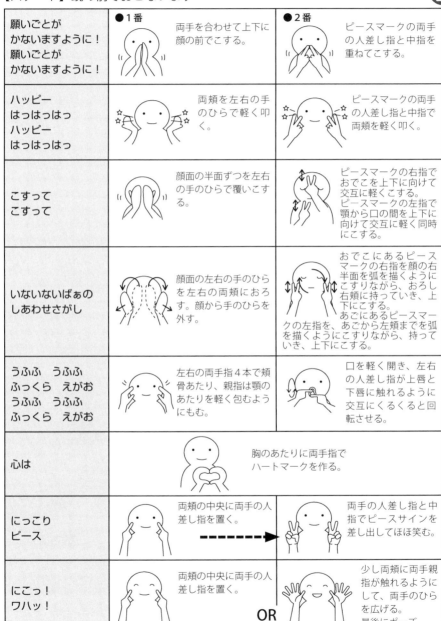

願いごとが かないますように！ 願いごとが かないますように！	●1番	両手を合わせて上下に顔の前でこする。	●2番	ピースマークの両手の人差し指と中指を重ねてこする。
ハッピー はっはっはっ ハッピー はっはっはっ		両頬を左右の手のひらで軽く叩く。		ピースマークの両手の人差し指と中指で両頬を軽く叩く。
こすって こすって		顔面の半面ずつを左右の手のひらで覆いこする。		ピースマークの右指でおでこを上下に向けて交互に軽くこする。ピースマークの左指で顎から口の間を上下に向けて交互に軽く同時にこする。
いないないばぁの しあわせさがし		顔面の左右の手のひらを左右の両頬におろす。顔から手のひらを外す。		おでこにあるピースマークの右指を顔の右半面を弧を描くようにこすりながら、おろし右頬に持っていき、上下にこする。あごにあるピースマークの左指を、あごから左頬までを弧を描くようにこすりながら、持っていき、上下にこする。
うふふ　うふふ ふっくら　えがお うふふ　うふふ ふっくら　えがお		左右の両手指4本で頬骨あたり、親指は顎のあたりを軽く包むようにもむ。		口を軽く開き、左右の人差し指が上唇と下唇に触れるように交互にくるくると回転させる。
心は		胸のあたりに両手指でハートマークを作る。		
にっこり ピース		両頬の中央に両手の人差し指を置く。		両手の人差し指と中指でピースサインを差し出してほほ笑む。
にこっ！ ワハッ！		両頬の中央に両手の人差し指を置く。 OR		少し両頬に両手親指が触れるようにして、両手のひらを広げる。 最後にポーズ。

2 身体で自分の気持ちを表現する

　S-ACT では、３つの感情を形や色にしながら、ワークをおこないます。

　人の怒り顔は怒りが増してくると「角が立つ」と言い、顔の表情も強張って四角張ってきて□のようになります。怒りがしだいに収まってきますと、情けなくなってきて悲しくなり泣き虫顔の△になります。三角の斜めの傾斜に涙が流れ落ちていきます。そして、その涙の水分は地面に染み透り、いずれ地も固まります。そのことによって、心も安定しはじめ、丸く収めるという言葉のように笑い顔の○になります。そして、笑顔は人との関係において困難なことがあっても相手と和解し合え物事を円滑に解決へと導く力もあります。そのことによって、相手の方と握手を交わすことができます。

　このように、３つの心の形をした感情の動きをひっくるめて、私たち人間は親と子の愛着関係をはじめ、他者とも共に助け合う行動を通して友好を築き、生きていけるのではないでしょうか。

◆「アッハ・プン・エンはどんな顔？」
松田ちから作（サウンド・ステップ、
2009 年）

【準備する物】

　BGM に「アッハ・プン・エンはどんな顔？」の CD を流します。

　３つの顔の表情のイラストをコピーし、それぞれの形に切り抜いてください（116 ページ）。

- それぞれの顔の表情を笑顔は○、怒り顔は□、泣き涙顔は△に切ります。

　赤・青・黄の色紙。対象となるそれぞれの３つの感情につながった物や写真。

- 人差し指と中指を両脚に見立て、手の甲の所に、それぞれの感情の顔を貼り付け、表現します。

●怒りの気持ち

❶怒っている内容を四角形の赤色紙に書きます。

赤色＝火山爆発時のカッカと燃える炎のイメージ

❷１m以内の四角形を書きます（イメージでも良い）。

❸四角形の中央には、怒りの内容を書いた赤色の紙と対象となる物や人の写真を置きます。

❹肩を怒らせて、口をぐいっと引き締めて、目をカッと見開き、威張った感じで、足腰に力を入れてドンドンと地面を踏みつけるように❷の１m以内で四角く歩きます。

❺❶の赤色紙を最後に踏んづけます。

❻怒りの内容文の紙を破り、ゴミ箱に捨てます。

＊対象物や写真は日頃使用しない場所に片付けるか、捨てていい場合には処分します。

❼指で表現する場合：手の甲に怒っている顔を貼り付けます。人差し指と中指の指先に力を入れて、交互に机を押さえ付けるように、音

をたてて、怒りのメッセージをイメージしながら四角を描いて進みます。その後は前述の❶、❸、❺の内容を指で表現します。

指人形の動きの進み方は矢印の方向にします。

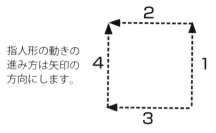

＊人の写真を使用するのは、踏み絵をするようなイメージがあり、あまり感じが良くありませんが、私たちは物より、人に対して怒りを示します。

＊怒りの気持ちを表現する時は誰もいないところ、あるいは、その気持ちを本当に理解してくれる方の前でするようにしましょう。

＊怒りをぶっつけ、人のせいにしてクレームをつけて、叫ぶ人、我慢する人や怒りのある人はしかめ面で眉の辺りに緊張があり、眉間のしわを寄せている特徴があります。

● 涙を流して泣きたい気持ち

❶悲しみ・つらさなどの内容を三角形の青色紙に書きます。

青色＝沈静状態で涙を海に流すイメージ

❷１m以内の三角形を書きます（イメージでも良い）。

❸三角形の中央には悲しみ・つらさの内容を書いた紙と対象となる物や人の写真を置きます。

❹肩落として、うつむき加減の下向き歩きをし、メソメソ鼻をすすりながら、ときどき、肩を震わせて、❷の１m以内で三角にゆっくり歩きます。

＊小道具として、水を入れたスプレーを用いて、目元にふきつけて涙を加えます。

❺❶の青色紙に目を通し、ゆっくりと破り、ゴミ箱に捨てます。身近な人は背中をさすって、慰めてあげましょう。

＊対象物や写真は日頃使用しない場所に片付けるか、捨てていい場合には処分します。

❻指で表現する場合：手の甲に、泣いている顔を貼り付けます。人差し指と中指の爪先を軽く立てて、ゆっくりと音をたてずに少し前か

がみにとぼとぼと、悲しみ・つら
さのメッセージをイメージしなが
ら、三角を描いて進みます。そし
て、もう一方の人差し指で、手の
ひらの中央を背中に見立て、優し
く「よしよし」とさすります。そ

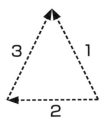

指人形の動きの
進み方は矢印の
方向にします。

の後は、前述の❶、❸、❺、の内容を指で表現します。

●笑顔のスキップ

❶うれしい・楽しい・良かったことを円形の黄色紙に書きます。
黄色＝幸せな気分で心がうきうきする温かいイメージ

❷１ｍ以内の丸形を書きます（イメージでも良い）。

❸円形の中央には、うれしい・楽しい・良かったことを書いた内容
の紙と自分の好きな人の写真や大切な物を置きます。

❹胸を張って笑顔で軽やかに腕を振り、円形の周りをスキップしま
す。

❺円の中の好きな人の写真や大切な物、そして、描いた笑顔に優し
く頬ずりやキスします。

❻指で表現する場合：手の甲に、笑っている顔を貼り付けます。人
差し指と中指を交互に机から３〜５ｃｍ程上げて、スキップするよう
に弾ませて、うれしい・楽しい・良かったことのメッセージをイメー
ジしながら、円を描いて進みます。その後は、前述の❶、❸、❺の内
容を指で表現します。

＊怒り・涙の泣き・笑顔の身体表現（指
表現）をおこなったら、最後に「アッ
ハ・プン・エンはどんな顔？」のダン
スを踊ります。

指人形の動きの
進み方は矢印の
方向にします。

アッハ・プン・エン ダンス♪

椅子に座って踊る場合
★上半身の動きは同じです
①⑫・・・かかとを上下
③⑤⑩⑪・・・膝を左右に開閉
⑥・・・・足ぶみ

① 前奏・間奏

うなずくように首をふる。両手は腰、かかとを上下

② アッハ プン エンの 顔を 知ってる かい？

膝の屈伸に合わせて、両腕を〇→Y字→肘から先を曲げて泣き真似、を繰り返す

③ 誰 アッハエンに だ でも プンなるんよ～

屈伸しつつ、肘をあげて握りこぶしをくっつける→指を開き腕を立てる、を繰り返す

④ アッハ・プン・エン アッハ・プン・エン

両腕を斜め上に伸ばして左斜め前に飛び、右足を跳ね上げる。右も同様

⑤ アッハ プンプン エ～ ハハ プン ン

③と同じ腕の動きで、手はグーのまま、つまさきの開閉を繰り返す

⑥ アッハ ルンルン 笑う 笑顔 たのしいな うれしいな

二歩前へ→両足揃える→屈伸。二歩下がって→両足揃える→屈伸。手をつなぐよう腕を振る

⑦ 心うきうき はずむ

屈伸しつつ左斜めを向いて、スキーのように両腕を曲げて動かす×2回→右も同様。

⑧ みんな心 明るく

右手を、左腰の位置から円を描くように大きく回し、右腿に持っていく→左も同様

⑨ し あわせ

胸で両腕を交差させ、Y字にバンザイして開く

⑩ アッハ エン プン アッハ プン エン アッハ ハハ プンプン プン エ～ ン

⑤と同じ動き

⑪ ※4番のみ アッハ エン プン アッハ プン エン アッハ ハハ プンプン プン エ～ ン

③と同じ動き

⑫ ※4番のみ 後奏

うなずくように首をふる。両手は腰、かかとを上下、左右に腰を振る

3 　自然の循環と親しみながら、感情表現する

山—平地（人との関わり）—海

　山に出かけ、新鮮な空気をおもいっきり吸い込んで森林浴をします。

　山の樹木に向かって「幸せです！」と笑顔で大きな声で言います。その声が木霊となって、山はあなたを見守るように「幸せです！」とあなたの心を響かせます。緑の樹木は私たちの瞳も保養してくれます。

　また、ある人は山にこもって修行します。平地での煩わしい人間関係をしばらくの間断ち切って、雄大な山にいだかれて全身全霊を山に委ねて包み込んでもらうのです。

　山で幸せな笑顔と新鮮な感情を得て、平地に降りてきて再び人と関わり、悩みながら日常の生活を過ごします。次第に心と身体に毒素というストレスが溜まってきます。

　これらの不快な気持ちを自然豊かな海に向かって、「怒っているんだ。バカヤロー」と叫び、自分のむしゃくしゃした感情を大海原に吸収してもらって発散させるのです。

第5章　保育者は子育て支援の扇子の要

●子育て支援　保育教諭の役割

　子育てをサポートする保育教諭（ケアワーカー）はどのような役割を担っているのか、考えてみたいと思います。

　イラストを見てください。保育教諭（ケアワーカー）は扇子の要の位置にあり、とても重要な役割を担っていると私は考えています。この扇子の要であることをしっかり自覚することで、ケアを必要としている親子に必要な支援をする姿勢が確立されます。

　保育教諭（ケアワーカー）には、子どもとその親の微妙な心の動きを観察する感度（Sensitivity）が求められます。子どもの発達面のみではなく、その背景にある家庭環境の諸要因にも配慮することがとても大切で、親子の愛着形成はどのような状況にあるかを把握することが仕事の中で最も重要視されなければなりません。

　扇子の左側を子どもの心の動き、右側を親の心の動きと想像してみましょう。親と子どもの関係の橋渡しをおこなう保育教諭が、扇子の要にあってこの位置をしっかり維持していないと、重要な役割を果たすことがむずかしくなります。

　保育教諭（ケアワーカー）には、親子の心の開き具合のバランスを見守り適切なサポートをおこなうことが求められています。このためには子どもとの信頼関係、親との信頼関係の両方を築くことが不可欠です。この信頼感を軸に親子関係は安定したものになります。

❶Aさん親子の持っている扇子：「私たち親子をどのように見守ってもらえるか」

子ども　　　　　　　　養育者

保育教諭（ケアワーカー）

ケアを必要とする親子に対等の心配りをする
：常に親子から注目される存在

❷保育教諭の持っている扇子：「ケアを必要とする親子の心の動き」

子ども　　　　　　　　養育者

保育教諭（ケアワーカー）

親子の情緒の安定のバランスを常に確認

◆ケアを必要とする親子の充分なサポートの成立はAさん親子の扇子と保育教諭（ケアワーカー）の扇子がちょうど同じ広がりで重なり合う。
◆Aさん親子の絆の扇子の左右の開きにバランスが整いはじめると次第に、双方の情緒が安定する。

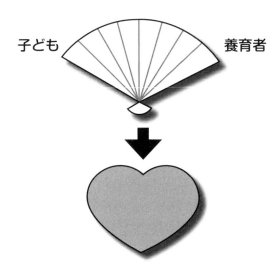

良好な親子関係になれば扇子の扇形がハートに！

❶良好な親子関係が築かれるとサポートする保育教諭（ケアワーカー）の扇子の要は徐々に不要になります。そして、子どもと親の関係は心の通う温かいものになります。

❷良好な親子関係が築かれるまでの道程は必ずしも平坦ではありません。

❸子育て・子育ちにおいては誰しも悩みながら、紆余屈折をたどるのが子育て・子育ちであり、共に成長する過程が子育て・子育ちなのです。

❹タッチングケアを重ねていくうちに、子どもも親もお互いの心が開いて、豊かな感情が育まれるようになります。

❺保育教諭（ケアワーカー）は親と子どもの心の動きに対してSense（意識感覚）を高めることが必要です。

❻保育教諭（ケアワーカー）に見守られサポートされた親と子どものSenseが高まり、感度（Sensitivity）が双方とも良くなっていきます。家族1人1人が貴重で大切な存在である〝良い関係性〟が築かれていきます。

第6章 親・子・保育教諭のための Sense 評価表

「愛着形成プログラム」や「ゆらゆら・ぎゅっぎゅっ体操」のタッチングケアを進めていくうちに、親子のお互いの心が開き、豊かな感覚が養われ、心の感度が高まっていきます。この心の感度の高まりをSense 評価表を使ってチェックしてみましょう。親・子・保育教諭（ケアワーカー）がそれぞれ扇子の要となって、相手との関係をチェックします。

家庭で「愛着形成プログラム」をおこなう際、たとえば、母親と子どもがおこなった時は、母子関係のあり方を父親がチェックし、父親と子どもおこなった時には母親が父子関係をチェックします。

Sense 評価表を作成する目的は、親が子どもを見守り、子どもの気持ちに寄り添えるようになるためで、各ワークの終了時に必ずチェックしなければならないというものではありません。子育てのあり方を考える際に参考にしてください。

幸せな家庭の基本は、家族1人1人の命が大切で、かけがえのない存在であることを認め合うことです。「これからも、よろしくね」とみんなが許し合える家庭環境を整えていくうえでこのSense 評価表を参考にしてください。

家庭 Sense 評価表のポイントチェック

■ 子ども用 Sense 評価表

　4歳児から思春期の児童に向けたものです。父親と母親の仲良し関係を子どもの目線でチェックし、幸せ度のバランスを測ります。

●チェック項目

1　おとうさんとおかあさんはいつもニコニコえがおでいます。

2　おとうさんとおかあさんはいつも、たのしくはなしをしています。

3-1　おとうさんとおかあさんは「あそんで」というと、ようじのないときは、いつも、よろこんで、おもいっきり、あそんでくれます（幼児対象）。

3-2　おとうさんとおかあさんは、いつも、（ぼく・わたし）とはなしをして、おたがいのきもちがつうじあえるようにしてくれます（児童対象）。

4　おとうさんとおかあさんは 、いつも、いえですることを、たすけあっています。

5　おとうさんとおかあさんは、いつも、（ぼく・わたし）をおうえんしてくれます。

子ども用 Sense（意識感覚）評価表

子どもへの質問：
「大好きなお父さんとお母さんは、いつも仲よしですか？　いつもあなたを優しく見守って育ててくれていますか？　そしてあなたは幸せですか？」
あてはまる数字を星マーク（☆）で囲んでください。何回もチェックするうちに扇子がバランスよく全開すればハートマーク（♡）で囲んでください。

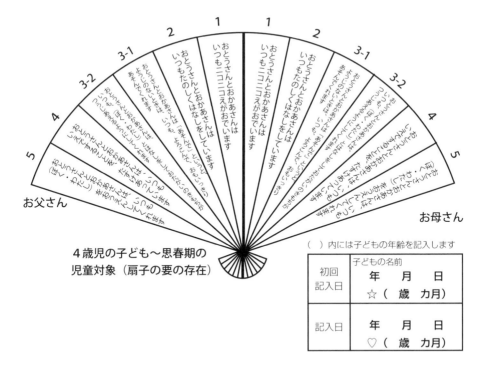

4歳児の子ども～思春期の
児童対象（扇子の要の存在）

（　）内には子どもの年齢を記入します

	子どもの名前
初回 記入日	年　　月　　日 ☆（　歳　カ月）
記入日	年　　月　　日 ♡（　歳　カ月）

2 母親用 Sense 評価表

　母親の立場から家族の幸せ度のバランスを測ります。自分の夫と子ども、父親と子どもの関係をチェックします。

●チェック項目

1 **大人**：子どもと関わるのが億劫そうである。
　子ども：身体が硬く、緊張と不安がある。
2 目がよく合う。
3 心身ともにリラックスし、ゆったりしている。
4 よくコミュニケーションを求める（身振りや言葉を交わす）。
5 笑顔でとても表情が良い。
6 **大人**：子どもの言動を認め、ほめることが増える。
　子ども：ほめられることが増える。

自分の大好きなパートナー（夫）と子どもとの関係を通して、家族の幸せ度のバランスを測ります。
あてはまる数字を星マーク（☆）で囲んでください。何回もチェックするうちに扇子がバランスよく全開すればハートマーク（♡）で囲んでください。

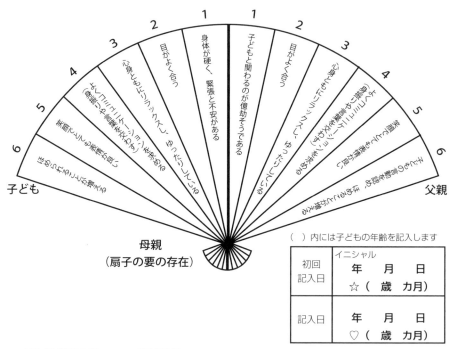

母親
（扇子の要の存在）

子ども　　　　　　　　　　　　　　　　　　　　父親

（　）内には子どもの年齢を記入します

初回記入日	イニシャル 年　　月　　日 ☆（　歳　カ月）
記入日	年　　月　　日 ♡（　歳　カ月）

❸ 父親用 Sense 評価表

　父親の立場から家族の幸せ度のバランスを測ります。自分の妻と子ども、母親と子どもの関係をチェックします。

●チェック項目

1　**大人**：子どもと関わるのが億劫そうである。
　　子ども：身体が硬く、緊張と不安がある。
2　目がよく合う。
3　心身ともにリラックスし、ゆったりしている。

4 よくコミュニケーションを求める（身振りや言葉を交わす）。

5 笑顔でとても表情が良い。

6 **大人**：子どもの言動を認め、ほめることが増える。

　　子ども：ほめられることが増える。

父親用 Sense（意識感覚）評価表

自分の大好きなパートナー（妻）と子どもとの関係を通して、家族の幸せ度のバランスを測ります。

あてはまる数字を星マーク（☆）で囲んでください。何回もチェックするうちに扇子がバランスよく全開すればハートマーク（♡）で囲んでください。

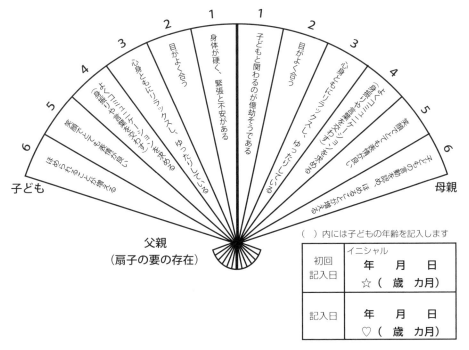

（　）内には子どもの年齢を記入します

	イニシャル
初回 記入日	年　　月　　日 ☆（　　歳　カ月）
記入日	年　　月　　日 ♡（　　歳　カ月）

❹ 子育て支援 Sense 評価表

　保育教諭（ケアワーカー）が扇子の要の位置から親子の愛着形成のバランスを見守り、チェックします。❶から❸の家庭 Sense 評価表の父・母・子のそれぞれの扇子の左右の開き具合が完全に一致していれば、良好な家族関係と判断されますが、そのうえに、第三者として関

わる保育教諭（ケアワーカー）からの母子・父子関係の Sense 評価表が完全に重なり合えば、さらに客観的な評価になります。この4つの扇子がずれていれば、努力目標として関係の改善が求められます。

● **チェック項目**

　この Sense 評価表は「子どもの権利条約」の受動的権利と能動的権利（12 〜 13 ページ参照）に基づいて作成しています。

　子育て支援 Sense（意識感覚）評価表のイラストの上の部分の1〜3は子どもにとっての受動的権利です。それを養育者（親）の立場としては守る。子どもの立場としては守られる。大人（親）が子育てにおいて守るべき目標であります。そして、イラストの下の部分1〜5は具体的な親の対応及び子どもの反応状況について記載しています。

　子育て支援 Sense（意識感覚）評価表のイラストの上の部分の3〜5は子どもにとっての能動的権利です。それを養育者（親）の立場としては対応する。子どもの立場としては養われる。大人（親）が子育てにおいて守るべき目標であります。そして、イラストの下の部分1〜5は具体的な親の対応、子どもの反応状況について記載しています。

1〜3　親：子どもの基本的な生活習慣（衣食住）を守る。

1〜3　子ども：基本的な社会性を身につけるために命を守られる。

1　親：子どもと身体的な触れ合いに心がけるように努める。

子ども：子どもの表情が硬く、身体にも緊張がある。

2　親：子どもの言動（しぐさ）をいつも見守っている。

子ども：親を意識して視線を合わせるようになる。

3　親：子どものペースに合わせて遊ぶようにしている。

子ども：子どもの表情は少しずつ明るくなり、身体もゆったりしている。

4　**親**：子どもの気持ちを受け止め、状況に応じて主張を認める。

　　子ども：自分の気持ちを意見としてはっきりと主張できる。

5　**親**：家庭において子どものがんばりをほめ、笑顔が増える。

　　子ども：家庭において親から自分のがんばりをほめられ、笑顔が増える。

3〜5　**親**：子どもの要求に耳を傾けて聴く姿勢を持ち適切に対応する。

　　　子ども：自律心と自制心が育まれ自尊感情の基礎が養われる。

子育て支援 Sense（意識感覚）評価表　＊対象：1歳半〜3歳

中央から左サイドは子どもの心情と態度。中央から右サイドは親の心情と態度。
親子の両サイドが5ポイントになれば、親子の愛着が形成されたことになります。
あてはまる数字を星マーク（☆）で囲んでください。何回もチェックするうちに扇子
がバランスよく全開すれば、ハートマーク（♡）で囲んでください。

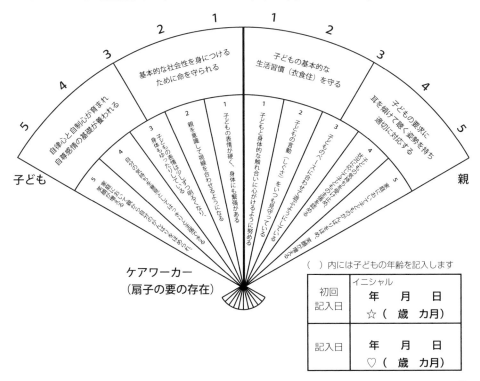

（　）内には子どもの年齢を記入します

初回記入日	イニシャル　　年　　月　　日 ☆（　歳　カ月）
記入日	年　　月　　日 ♡（　歳　カ月）

●子育て支援 Sense 評価表チェック時の参考にするポイント （1歳半～3歳児）

＊子どもと親の1～5の段階と照らし合わせてください。

A：親子分離の過程
1：親子分離を拒否し泣くが、親の知り合いに抱かれれば落ち着く。
2：親子分離は可能だが、親の様子を見ながら少々不安で遊べない。
3：完全に親から離れ、いつもの保育の場では、たまに思い出し泣く。
4：同じ保育の場なのに、行事などでいつもと異なると不安を示す。
5：親と別れることを完全に理解でき、同年代の子と夢中に遊ぶ。

B：感情表出の過程
1：周りの状況を受け入れたり、拒否する感情をはっきりと表現する。
2：だだをこねても適切な対応をすれば、気持ちの転換ができる。
3：両価感情（アンビバレント）のコントロールがむずかしく混乱を示す。
4：感情を自分でコントロールしようと努め、自ら理由づけをする。
5：状況に応じて気持ちをコントロールし、安定して豊かに表現する。

＊引用文献
『特別支援保育に向けて　―社会性を育む保育　その評価と支援の実際』安藤忠編著、建帛社（p27：先行研究との関連　p34：研究のプロセス）

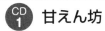

- 作詞・作曲は松田ちからのオリジナル（8・27を除く）。

CD 1 甘えん坊

あまえんぼうの　○○ちゃんかな？
えがおの　○○ちゃんだよね
ワッハハワッハハハノハ

CD 2 手を出して

手、手、手をあげて　手、手、バンザイの手
手、手、手を出して　手、手、握手の手（おかあさんの手）
手、手、手をたたこう　手、手、パチパチ手

CD 3 お風呂

お風呂に入って　体を洗おう　じゃぶじゃぶじゃぶ〜（4回）
まあ　きれいになっちゃって　ピカピカ　ごしごしごし〜（4回）
お風呂に入って　体を洗おう　じゃぶじゃぶじゃぶ〜（4回）
まあ　きれいになっちゃって　ピカピカ

CD 4 りんりんりん

リンリンリンリンリンリリーン　リンリンリンリンリンリリーン
リンリンリンリンリリーン　じてんしゃさーん

⑤ CD 5 すべり台

おすべり　しゅるしゅるしゅるとん　おすべり　しゅるしゅるしゅるとん
しゅるしゅるとん　しゅるしゅるとん　きもちが　いいなぁー

⑥ CD 6 コアラのマーチ

コアラのマーチー　コアラのマーチー（繰り返し）

⑦ CD 7 すわろう

かわいい　○○ちゃんがやってきて
おかあさんのお膝にすわろうね　すわろう

⑧ CD 8 こちょこちょしましょう！

（作詞・作曲：秋田克英）

こちょこちょしましょう　こちょこちょしましょう
いち・にの・さんでおかあさん（○○ちゃん）大好き

⑨ CD 9 いないいないばぁ

いない　いない　ばー　　いない　いない　ばー
いない　いない　ばー　　で　あーそーぼー

⑩ CD 10 ギッコンバッタン

ギッコンバッタン　ギッコンバッタン
ギッコンバッタン　ギッコンバッタン　ターン

⑪ CD 11 ひっぱれグィ！

ひっぱれグィー　　ひっぱれグィー　　おかあさん（○○ちゃん）と　にらめっこ

CD 12 パパとママ

パパパパパパ　パパパパパパ〜　今度の休みは遊園地
ゴーゴーブー　ゴーゴーブー　一緒に乗ろうねゴーカート
うちのパパは〜　うちのパパは〜　世界中で一番
すてきなすてきな　○○くんのおとうさん
＊ママの時は「やさしいやさしい　○○ちゃんのおかあさん」に変えて歌ってください。

CD 13 ぶらんこ

ぶらんこはゆかいだな　きもちがいいなぁ
えがおもゆれている　こころもはずむ
ぶらんこはゆかいだな　きもちがいいなぁ
えがおもゆれている　こころもはずむ

CD 14 ボールころころ

ボールころころこーろころ　ボールころころこーろころ
まあるいー　ボールがー　こーろころ

CD 15 おさんぽ

○○ちゃんが　おさんぽしてた　おかあさんと　おさんぽしてた
お手てを　つないでゆこう　にこにこ　さんぽ　さんぽ
おかあさんと　さんぽは　うれしいな

CD 16 あやつり人形

ぼくはピエロ　みんなのゆめを　かなえてあげるよー
○○ちゃんの　おかあさんの　おとうさんの　みんなの　みんなのゆめを

CD 17 うさぎさん

うさぎ　はねるよー　うさぎ　ピョンピョンピョンピョーン　うさぎ　うさぎ
ピョンピョンピョン　ピョンピョンピョン　ピョンピョンピョン

CD 18 水遊び

すいかのおばけがすーいすい　ラッコのぼくちんらーくらく
きもちがいいな　きもちがいいな　　水しぶき
ぱちゃぱちゃ　きゃーきゃー　ぱちゃぱちゃ　きゃーきゃー　水遊び

CD 19 なんでも食べる子

お野菜食べる子　元気な子　おなかが「おいしい」って笑ってる
お肉を食べる子　元気な子　もりもり力が湧いてくる
なんでも食べる子　元気な子　お外でおもいっきり遊べるよ

CD 20 ふわふわ風船

ふわふわ　ふわふわ　ふわふわふうせん
ふわふわ　ふわふわ　ふわふわふうせん
あかいの　きいろいの　あおいそらに　とんでゆけ！

CD 21 赤ちゃんになって

赤ちゃんになって　アブブブブブーバー
赤ちゃんになって　アブブブブブーバー
おかあさんの目が　やさしく　わらってる
1　おかあさんの　あたたかい　うでにだかれて　うれしいな　うれしいな
2　おかあさんの　むねは　やわらかくて　きもちがいいな　きもちがいいな

テレビの中はだれかな

テレビのなかは　だれかな　テレビのなかは　だれかな
テテテレビ　テレテルテレビー

ハイ！　つかまえた

ちょっと　ちょっと　まって　ちょっと　まって
ちょっと　ちょっと　まって　ちょっと　まって
はしるの　はやいな　はやいな
おかあさんは　おいかけますよ　はい　つかまえた

輪を飾ろう

まあるい　輪を輪を　きれいな　輪を輪を
おかあさん（○○ちゃん）の腕（指）に　はめちゃって
きれいな　輪を輪を　まあるい　輪を輪を
おかあさん（○○ちゃん）の腕（指）に　きれいに　かざっちゃおう　ワォー

帽子をかぶろう

かぜにふかれて　とんでった　○○ちゃんの　ぼうし
むぎわらぼうし　○○ちゃんのぼうし　かぜにふかれて　とんでった

かっこいいな

かっこいいな　かっこいいな　○○ちゃんのふくは　かっこいいな
かっこいいな　かっこいいな　○○くんのくつは　かっこいいな

おこりんぼのうた

（母音の歌：高橋偷　作曲／替え歌：松田ちから）

くやしいときには　さけぼうよ　いやだいやだ　いやだいやだ　やーやーやー
やーやー　やーやー　やーやーやーやー　やー　いやだー！
おにがおこった　おーおーお　おこりんぼの　おーおーお
おーおー　おーおー　おーおーおーおー　おー　おこった！

 なみだのうた

かなしくなると　おめめから　なみだが　ながれるの
つらくなると　おめめから　なみだが　ながれるの
さぁ　さぁ　ないちゃおう　なみだながして　ないちゃおう
さぁ　さぁ　ないちゃおう　なみだながして　ないちゃおう
なぐさめられて　ないちゃって　すっきり！

 ほほ笑み体操

願いごとが　かないますように！　願いごとが　かないますように！
ハッピー　はっはっはっ　ハッピー　はっはっはっ
こすってこすって　いないないばぁの　しあわせさがし
うふふ　うふふ　ふっくら　えがお　うふふ　うふふ　ふっくら　えがお
心は　にっこり　ピース　にこっ！（ワハッ！）

 アッハ・プン・エンはどんな顔？

1　アッハ・プン・エンの顔を知ってるかい？
　　誰でもアッハ・プン・エンになるんだよ
　　アッハ・プン・エン　アッハ・プン・エン
　　アッハハハ・プンプンプン・エン
　　アッハ笑う　たのしいな　ルンルン笑顔　うれしいな
　　心うきうきはずむ　みんな心明るく　しあわせ
　　アッハ・プン・エン　アッハ・プン・エン
　　アッハハハ・プンプンプン・エン

2　アッハ・プン・エンの顔を知ってるかい？
　　誰でもアッハ・プン・エンになるんだよ
　　アッハ・プン・エン　アッハ・プン・エン
　　アッハハハ・プンプンプン・エン
　　プンプン怒る　気分が悪い　いらいら顔　怖い顔
　　心ジグザグ腹が立つ　みんな心暗く　不愉快
　　アッハ・プン・エン　アッハ・プン・エン
　　アッハハハ・プンプンプン・エン

3　アッハ・プン・エンの顔を知ってるかい？
　　誰でもアッハ・プン・エンになるんだよ
　　アッハ・プン・エン　アッハ・プン・エン
　　アッハハハ・プンプンプン・エン
　　エンエン泣く　さびしいな　ポロポロ涙　悲しいな
　　心メソメソしずみ　みんな心落ち込む　せつない
　　アッハ・プン・エン　アッハ・プン・エン
　　アッハハハ・プンプンプン・エン

4　アッハ・プン・エンは　おひさま微笑み
　　かみなりおこりんぼ　雨降り泣き虫
　　アッハ・プン・エン　アッハ・プン・エン
　　アッハハハ・プンプンプン・エン
　　雨降り　いつかは晴れる　いつも　気持ちを大切に
　　心なごやか　やさしく　みんな素敵な顔で　過ごそうよ
　　アッハ・プン・エン　アッハ・プン・エン
　　アッハハハ・プンプンプン・エン
　　アッハ・プン・エン　アッハ・プン・エン
　　アッハハハ・プンプンプン・エン

(CD 31) ゆびのかぞく

げんきな　とうさん　ぎゅぎゅっぎゅう
やさしい　かあさん　ぎゅぎゅっぎゅう
のっぽの　にいさん　ぎゅぎゅっぎゅう　ぎゅぎゅぎゅぎゅぎゅぎゅ
おしゃれなねえさん　ぎゅぎゅっぎゅう
よちよち　赤ちゃん　ぎゅぎゅっぎゅう
1　ごにんの　たのしいかぞく　ごにんの　みぎさんのかぞく
2　ごにんの　たのしいかぞく　ごにんの　ひだりさんのかぞく

＊左右の手指のマッサージをしてください。

(CD 32) 放浪

1　帰るとこなく　1人旅に出た
　　誰1人　私をかまってくれない
　　誰がこんな　私にした　今さら　くよくよしても　仕方ない
　　世界中の目が私の心を　にらみつけている

2　自分のやってきたことも省みず
　　今になってその苦しみに　耐えなければ
　　早くふるさとに帰りたい　早く昔にもどりたい
　　幼い子どものような心で　安らかに眠りたい　心で　安らかに眠りたい

(CD 33) ラブリーチルドレン

この　つぶらな　ひとみには　パパとママの　まごころ
かみさまに　あたえられた　すばらしい　いのち
ラブリーチルドレン　ラブリーチルドレン　あいする　こどもたち
ラブリーチルドレン　ラブリーチルドレン　あいする　こどもたち
ママのむねに　だかれて　ねむる　おさなご

＊チルドレンとこどもたちのところを子どもの名前に変えて歌ってください。

■参考資料

「新生児医療の痛みを減らそう」愛媛新聞（2015 年 10 月 6 日）

シンポジウム Walk Again 2015 in 札幌『次世代の脊髄損傷療法』「日本せきずい基金ニュース」臨時増刊号（NPO 法人日本せきずい基金、2015 年夏）

『驚くべき乳幼児の心の世界』ヴァスデヴィ・レディ著／佐伯 胖訳（ミネルヴァ書房、2015 年）

『授乳から始まるこころ育て』福田良子著（アールアンドワイ母乳育児相談室、2015 年）

『発達障害の原因と発症メカニズム──脳神経科学からみた予防、治療・療育の可能性』黒田洋一郎、木村 - 黒田純子著（河出書房新社、2014 年）

FOUR WINDS 乳幼児精神保健学会 第 14 回大会（2011 年）基調講演「日本の乳幼児精神保健─まごころの響きあう世界」慶應義塾大学医学部小児科学専任講師 渡辺久子

恩賜財団母子愛育会主催 研修会資料『平成 22 年度 母子保健における児童虐待予防』

『特別支援保育に向けて──社会性を育む保育 その評価と支援の実際』安藤 忠、川原佐公編著（建帛社、2008 年）

『発達に心配りを必要とする子の育て方』松田ちから著（黎明書房、2006 年）

『「植物マルチミネラル」超健康法──現代病はミネラル欠乏が原因だった 糖尿病からガンまで』久郷晴彦著（コスモトゥーワン、2004 年）

『ダダこね育ちのすすめ』阿部秀雄著（中央法規、2001 年）

『乳幼児の心理的誕生──母子共生と個体化』マーガレット・S・マーラー他著／高橋雅士、織田正美、浜畑 紀訳（黎明書房、2001 年）

『新版 K 式発達検査 2001』（京都国際社会福祉センター、2001 年）

『ぎゅっ』ジェズ・オールバラ作・絵（徳間書店、2000 年）

『食べるだけで IQ・EQ が高まる──無限の潜在能力を引き出す " 賢脳エキス " 遂に開発！』神津健一著（ダイセイコー出版、1999 年）

『歌を歌えば心がはずむ──お遊び楽譜・手作りおもちゃ・楽しいゲーム集』松田ちから著（創風社出版、1997 年）

『人間を理解するとはどういうことか』浜田寿美男著（障害児・者情報センター、1996 年）

『ハコミセラピー──カウンセリングの基礎から上級まで』ロン・クルツ著／高尾威廣、岡 健治、高野雅司訳（星和書店、1996 年）

『ハートギャラリー──はじめての認知心理学』伊藤 進著（川島書店、1994 年）

『子どもの対象喪失──その悲しみの世界』森 省二著（創元社、1990 年）

『涙──人はなぜ泣くのか』ウィリアム・H・フレイⅡ著／石井清子訳（日本教文社、1990 年）

『母親モラトリアムの時代── 21 世紀の女性におくる Co- セルフの世界』蘭 香代子著（北大路書房、1989 年）

『泣き声でわかる赤ちゃんの気持ち』青柳かくい著（ごま書房、1988 年）

『写真でわかる 子ども操体法──親子でやれる心と体のバランス運動』武田 忠著（農山漁村文化協会、1988 年）

『自閉症児のための抱っこ法入門』阿部秀雄著（学習研究社、1988 年）

『模倣の心理学』ジャン・ピアジェ著（黎明書房、1988 年）

『かお かお どんなかお』柳原良平作（こぐま社、1988 年）

『子育てを助ける』阿部秀雄他著（全国心身障害児福祉財団、1987 年）

『タッチング──親と子のふれあい』アシュレイ・モンタギュー著（平凡社、1977 年）

『遠城寺式 乳幼児分析的発達検査法 解説書』遠城寺宗徳著（慶應義塾大学出版会、1977 年）

NHK・FM 北山修のレクチャー＆ミュージック「育児は必要か」

NHK 教育日曜フォーラム「赤ちゃんに乾杯！ 親子の心が響きあう」

　私たちの人生（Life-Stage）は、**Hop・Step・Jump** です。

　HOP とは、すべての人は親から命を授かり、勢いよく人間の世界に跳び出します。この第一歩です。

　Human：人間

　Observe：観察に基づいて考えを述べる

　Participate：参加する

　人は命の誕生から始まり、観察に基づいて考えが養われ、そして、人々との出会いに参加していきます。

　子どもも大人も、人は生きていく上で目標（夢）を持つことが大切です。目標に近づくためには **STEP** ＝段階が必要です。

　ステップを通過していくには、次のような心得が必要です。

　S ＝ Slowly　Sleeping　ゆっくりと眠ること。

　　　＊心身ともに（脳・身体）休息を充分に取ることが大切です。

　T ＝ Time　Touching　時間をかけ触れること。

　　　＊心身の触れ合いの時を大切にしましょう。日本の挨拶文化は身体の触れ合いがとても少なく、欧米のようにハグしたり、頬ずりをすることはほとんどなく、せいぜい握手で触れる程度です。

　E ＝ Enjoy　Eating　Education　楽しく食べること・教育を受けること。

　　　＊食事は栄養面に配慮し、体によいものを楽しく共に食べることです。そして、楽しく教育を受けることで学ぶ意欲が芽生え、自分の力を発揮することに結びつきます。

　P ＝ Place　Playing　さまざまな場所で遊ぶこと。

　　　＊室内での１人遊びや PC ゲームなどを控えて、自然やスポーツに親しみ、人とのコミュニケーションを深める遊びをおこなうことが大事です。

　これらの STEP の心得を通して、人は情緒の安定が図られた状況に

導かれ、自分の目標に向かって地道に歩み、夢の実現が可能になっていきます。

　最後に、ライフステージの締め括りとして、JUMPがあります。

　JUMP＝飛躍です。人はいずれ、旅立ちの時が必ず来ます。この飛躍に当たって自分の人生を振り返るとともに、次の世代が飛躍するために、自分の生きざまの良い部分を次世代に残す役割があります。自分の今までの学びや習得した事柄を独り占めするのではなく、惜しみなく伝授していくことが人生最後の飛躍に大きな意義を与えます。

　JUMP ⇒ JU ＝ Junior（若者世代）に自分の今までに培ってきたMind（心）をPresent（提供）することです。

　このJUMP＝飛躍は年齢に関係なく、個々において、いま必要だと思われることを伝授していくことが大切なのです。

　この本は、多くの方の協力を得て完成することができました。今までに出会った子どもたちとその親御さん、ご助言をいただいた太田真美子氏をはじめ、吉浦麻里氏、イラスト作成には白石由季氏、森田さら氏に心から感謝申し上げます。最後に本の出版にあたってご尽力をいただいた合同出版社長の上野良治氏、編集部の坂上美樹氏、金詩英氏に紙面をお借りし、お礼を申し上げます。

　皆さんのライフステージがHop・Step・Jumpであることを心から願い、子どものいじめや虐待が社会から根絶されることをお祈りし、ペンをおきます。

松田ちから

■著者紹介

松田ちから

1975 年　四国学院大学　社会福祉学科卒業
1975 年　名古屋キリスト教社会館愛育園指導員
1981 年　児童発達支援センターあゆみ学園（愛媛県松山市）　児童指導員
1997 年　発達支援なのはな子ども塾主宰
2006 年　愛媛大学・大学院教育学研究科・特別支援教育専攻修士課程修了
2010 年　四国学院大学　子ども福祉学科准教授
2014 年　今治明徳短期大学　幼児教育学科教授

【著書】
『改訂版 発達に心配りを必要とする子の育て方』（黎明書房、2006 年）
『歌を歌えば心がはずむ──お遊ぎ楽譜・手作りおもちゃ・楽しいゲーム集』（創風社出版、1997 年）
『発達に遅れのある子の育て方』（愛媛出版文化賞受賞、黎明書房、1996 年）
「アッハ・プン・エンはどんな顔？」18 曲 CD（サウンド・ステップ、2009 年）
＊子育て相談を受け付けています！　連絡先：〒 791-1123　愛媛県松山市東方町甲 522-9

■ CD 製作スタッフ
　＊愛着形成プログラム　＊ S-ACT（感情表現法）
　　歌：太田真美子・松田ちから　山本礼菜・大成奏子　歌唱指導：阪本佳子
　　ギター：西岡優作　キーボード：小立知代
　　サウンドエンジニア：兵頭利紀（ジャム・サウンド）、杉本茂　（サウンド・ステップ）

* ゆらゆら・ぎゅっぎゅっ体操（指の家族）＝ 歌：山本礼菜
* 放浪 ＝ 歌：松田ちから
* 白井克治とニューソニックジャズオーケストラ & ヴィエール室内合奏団
* ラブリー・チルドレン ＝ 歌：大成直子

装　　帽：合同出版デザイン室
イラスト：白石由季
組　　版：Shima.

1歳からの子どもの発達を促すタッチングケア【CD 付】
──脳の発達と運動機能を高める 25 のプログラム

2016 年 5 月 25 日　第 1 刷発行

著　　　者　松田ちから
発 行 者　上野　良治
発 行 所　合同出版株式会社
　　　　　　東京都千代田区神田神保町 1-44
　　　　　　郵便番号 101-0051
　　　　　　電話 03（3294）3506 ／ FAX 03（3294）3509
　　　　　　振替 00180-9-65422
　　　　　　ホームページ http://www.godo-shuppan.co.jp/

印刷・製本　新灯印刷株式会社